Vida – aprenda com ela

Fatos e vivências que são importantes
demais para não serem ouvidos

Editora Appris Ltda.
1.ª Edição - Copyright© 2024 do autor
Direitos de Edição Reservados à Editora Appris Ltda.

Nenhuma parte desta obra poderá ser utilizada indevidamente, sem estar de acordo com a Lei n° 9.610/98. Se incorreções forem encontradas, serão de exclusiva responsabilidade de seus organizadores. Foi realizado o Depósito Legal na Fundação Biblioteca Nacional, de acordo com as Leis n°s 10.994, de 14/12/2004, e 12.192, de 14/01/2010.

Catalogação na Fonte
Elaborado por: Josefina A. S. Guedes
Bibliotecária CRB 9/870

G216v
2024
	Garcia, Thiago Cavalca
	   Vida – aprenda com ela: fatos e vivências que são importantes demais para não serem ouvidos / Thiago Cavalca Garcia. – 1. ed. – Curitiba: Appris, 2024.
	   132 p. ; 21 cm.
	
	   ISBN 978-65-250-5672-2
	
	   1. Vida. 2. Aprendizado. 3. Amizade. 4. Inspiração. I. Título.
	
	                                                              CDD – 158.1

Editora e Livraria Appris Ltda.
Av. Manoel Ribas, 2265 – Mercês
Curitiba/PR – CEP: 80810-002
Tel. (41) 3156 - 4731
www.editoraappris.com.br

Printed in Brazil
Impresso no Brasil

THIAGO CAVALCA GARCIA

Vida – aprenda com ela
Fatos e vivências que são importantes
demais para não serem ouvidos

FICHA TÉCNICA

EDITORIAL	Augusto Coelho
	Sara C. de Andrade Coelho
COMITÊ EDITORIAL	Ana El Achkar (UNIVERSO/RJ)
	Andréa Barbosa Gouveia (UFPR)
	Conrado Moreira Mendes (PUC-MG)
	Eliete Correia dos Santos (UEPB)
	Fabiano Santos (UERJ/IESP)
	Francinete Fernandes de Sousa (UEPB)
	Francisco Carlos Duarte (PUCPR)
	Francisco de Assis (Fiam-Faam,SP, Brasil)
	Jacques de Lima Ferreira (UP)
	Juliana Reichert Assunção Tonelli (UEL)
	Maria Aparecida Barbosa (USP)
	Maria Helena Zamora (PUC-Rio)
	Maria Margarida de Andrade (Umack)
	Marilda Aparecida Behrens (PUCPR)
	Marli Caetano
	Roque Ismael da Costa Güllich (UFFS)
	Toni Reis (UFPR)
	Valdomiro de Oliveira (UFPR)
	Valério Brusamolin (IFPR)
SUPERVISOR DA PRODUÇÃO	Renata Cristina Lopes Miccelli
PRODUÇÃO EDITORIAL	Sabrina Costa
REVISÃO	Raquel Fuchs
DIAGRAMAÇÃO	Andrezza Libel
CAPA	Carlos Pereira
REVISÃO DE PROVA	Jibril Keddeh

A Deus, essa energia maravilhosa que nos guia.

AGRADECIMENTOS

Seria injusto da minha parte listar as pessoas que contribuíram de maneira relevante para esta obra e correr o risco de deixar alguém importante de fora. Como aqui falo sobre a minha vida, cada um que de alguma forma me marcou merece todo meu respeito, reconhecimento e agradecimento. Então, o agradecimento especial é por ter a oportunidade de ter até aqui vivido essa vida maravilhosa. A todos vocês que fazem parte dela, obrigado por existirem.

PREFÁCIO

Há poucos dias recebi uma mensagem do meu irmão e autor desta obra. Já sabia, por ocasião de conversas passadas, que ele estava escrevendo um livro sobre suas experiências e o que delas apre(e)ndeu. O pedido foi: "favor escrever um prefácio para meu livro". O tamanho da dificuldade é proporcional ao da honra.

Num primeiro momento, o leitor incauto pode entender que o livro se trata de autobiografia. Não o é, pois o relato contido na obra não serve para exaltar o autor; este se iguala ao leitor, fita-o de frente e dita um acontecimento que – não raras situações – poderia ocorrer com *qualquer* pessoa. A magia do livro aí se principia, aflora e desperta a afinidade que se espera de uma boa leitura, fluída e emocionante.

Meu convívio com o Thiago foi não apenas próximo, mas de cumplicidade extrema. É desnecessário escrever sobre o que foi dito ou o que ficou silente no coração, pois nossa comunicação não requer palavra, então passo a dizer apenas sobre o livro.

Quem se aventura a relatar fatos de sua vida em obra literária, trilha um caminho perigoso que não raras vezes pode beirar o egocentrismo e o autoelogio. Mas, afinal, dada a liberdade de espírito que tem o autor, não houve incursão nesse terreno movediço. Ao contrário, como dito anteriormente, o leitor encontrará o aconchego da identidade e poderá ver-se no mesmo sentimento, reviver emoções e, aí sim, ler o comentário de alguém que viveu e tem algo a dizer, porque afinal, todos temos algo a dizer.

O curso da vida se dá no tempo, indômito. Não podemos pará-lo, então acessamos esse arquivo na cabeça, nossa memória. Cantou o (também) médico e letrista brasileiro Aldir Blanc na canção "Resposta ao tempo" (2005): o tempo "[...] sussurra que apaga os caminhos, que amores terminam no escuro, sozinhos; respondo que ele aprisiona, e eu liberto; que ele adormece as paixões, e eu desperto".

As próximas páginas são exatamente isso, o desprendimento, a liberdade, o que pode ser compartilhado e, sem dúvida alguma, vivenciado. Mas esse vivenciar possui a generosidade de alguém que sentiu a mesma dor e a mesma alegria de (continuar) apre(e)ender com a vida. Boa leitura e exerça seu direito divino de se emocionar e sentir a vida fluindo dentro de si!

Marcelo de Campos Franzoni
Amigo, poeta e advogado

SUMÁRIO

REFLEXÃO 13

CAPÍTULO 1
O COMEÇO 17

CAPÍTULO 2
O INTERCÂMBIO 23

CAPÍTULO 3
A FACULDADE 29

CAPÍTULO 4
SER MÉDICO 35

CAPÍTULO 5
PAIS 41

CAPÍTULO 6
ELOS DE AMOR E PAZ 47

CAPÍTULO 7
A "MANA" (IRMANDADE) 53

CAPÍTULO 8
DINDO 59

CAPÍTULO 9
A "AMADINHA" 67

CAPÍTULO 10
A CORRIDA 73

CAPÍTULO 11
O TRABALHO 81
   11.1 "MÉDICO DE POSTINHO" 82
   11.2 A PANDEMIA 85
   11.3 A CLÍNICA 87
   11.4 GARCIA E ASSUNÇÃO CLÍNICA MÉDICA 88

CAPÍTULO 12
AMIGOS 93

CAPÍTULO 13
SÃO BENTO DO SUL 101

CAPÍTULO 14
NOVOS CAMINHOS 105
   14.1 O COACHING 105
   14.2 IMERSÃO METAMORFOSE 106
   14.3 A FELICIDADE SÓ DEPENDE DE VOCÊ 107

CAPÍTULO 15
AMIGOS QUE SE FORAM 111

CAPÍTULO 16
VIAJAR E UMA VIDA M.Á.G.I.C.A 115

CAPÍTULO 17
FAMÍLIA 123

CAPÍTULO 18
MEU DESEJO PARA VOCÊ 127

REFLEXÃO

O que nos resta, senão a esperança?
Intolerância.
Violência.
Falso moralismo.
Tristeza.
Distanciamento.
Luto.

À primeira vista, essas palavras e os sentimentos que elas nos trazem, mexem com nossa mente e emoções. Nos trazem uma profunda introspecção e nos levam, muitas vezes, a prender o fôlego.

A prender o fôlego.

A-P-R-E-N-D-E-R.

Aprender significa adquirir conhecimento. Mas a grande questão não é o conhecimento sobre tudo o que ocorre. Embora seja importante, há fatos que não estão sob nosso controle. Ter a humildade de entender isso, é tirar dos nossos ombros uma carga que não nos pertence.

Você não mudará o curso do mundo. Pelo menos não discutindo teorias conspiratórias ou tentando impor o seu ponto de vista como o único correto.

O aprendizado aqui é outro: é sobre si mesmo, sobre o seu próprio comportamento, como poder aprender com tudo o que vem acontecendo e fazer diferente daqui em diante.

Uma grande queixa das pessoas é sobre o tempo. Tempo para si. Tempo para a família. Família essa que é sempre colocada como prioridade, em teoria. Mas a pandemia da Covid-19, suas restrições e toda nossa realidade dos últimos tempos nos deram a oportunidade rara (para quem não consegue se programar) de ter mais tempo para si e pensar sobre esse tempo. De estar mais presente em sua casa. De dar o exemplo.

Mas o que vimos foi um aumento exponencial dos casos de violência doméstica e divórcios, trocas de acusações e violência gratuita. Isso não é uma hipótese, é fato.

Deixemos de lado os extremos e reflitamos sobre como você lidou com a oportunidade de utilizar melhor seu tempo. O que, dentro daquilo que você tinha como plano, foi colocado em prática com o tempo a mais que teve?

Aliás, falando do tempo, ele é exatamente o mesmo para todos nós. 86.400 segundos diários de oportunidades. A forma como lidamos e priorizamos esses segundos é o que dará mais sentido aos nossos dias. O que você aprendeu sobre o tempo? A esperança de ter mais tempo se transformou em algo de fato construtivo para sua vida?

O que nos resta, senão a esperança?

Esperança de estar mais presente.

A distância, (o "não poder") e também o fato de termos narrativas diferentes para um mesmo assunto, nos trouxe uma nova realidade: demonstrar afeto de diferentes formas. Mas o aprendizado aqui é "como eu posso demonstrar amor sem estar presente ou sem concordar?".

O ser humano, como ser social que é, necessita do outro para ser feliz e evoluir. Mas, embora o contato seja importante (o sorriso, o abraço, por exemplo), demonstrar amor independe de distância.

Porém, mais importante que a maneira de demonstrar amor, é se você tem feito isso como gostaria. Se a família e os amigos estão em suas prioridades e se você tem tido mais tempo para si, por que não demonstrou mais amor e apreço por aqueles que são importantes para você?

Em momentos em que a distância também foi uma forma de demonstrar amor e respeito, que se distanciar do próximo era sinônimo de diminuir a chance de contágio de quem você mais gosta, como você lidou com isso?

Mas há a distância que momentaneamente, nessa existência, não diminuirá. Daqueles que partiram e não mais voltarão. Muitas vezes, até o luto não pode ser vivido em sua plenitude. Resta-nos, antes de tudo, a esperança de um reencontro em breve. A esperança também é de que aprendamos a lidar melhor com a morte. Isso não significa não sofrer. Mas sim, entender que ela é um acontecimento da vida, que nos traz o aprendizado de que todos os momentos da vida devem ser vividos em plenitude.

A melhor forma de continuarmos vivos, apesar das mortes que vão acontecem ao longo da vida, é estar verdadeiramente presente nas situações em que vivemos. Se vivermos plenamente as situações e experiências de vida, e tirarmos dela tudo o que ela pode nos dar, então estamos livres e em paz.

É a entrega total às experiências que nos permite o desapego. Só conseguiremos lidar bem com as mortes no dia a dia se pararmos de viver felizes somente no futuro e vivermos de verdade no presente, que é onde a vida acontece. Fica a saudades de quem se foi, a esperança que estejam bem e o desejo de honrarmos sua memória vivendo aqui da melhor forma que pudermos. Isso inclui amar o próximo e respeitar o diferente.

O que nos resta, senão a esperança?

A esperança é que eu, você, cada um de nós, sejamos melhores. Mas esperança é diferente de esperar, aguardar. Esperança, no seu sentido literal, é saber que é possível a realização daquilo que se deseja. Para isso, é necessário que tenhamos atitude, muitas vezes diferentes daquela que tivemos até hoje, para que "a coisa boa" que sonhamos realmente se realize. Que sejamos esperança no exemplo que damos todos os dias. E que cada um de nós, com o coração cheio de boas vibrações, possa ser sopro de esperança, na nossa vida e na vida dos outros.

O que nos resta, senão a esperança?

O autor
Projeto "Momentos e Mensagens", 2023

CAPÍTULO 1

O COMEÇO

Por mais energia
Que dedicaremos
Ao que se avizinha

Sujeitos com certeza
Sempre estaremos
Ao aleatório do dia

Das inconstâncias
Na jornada da vida
Aos ocasos do desejo

Um tempo sem medo
Por nossa sobrevida
Sob novas instâncias

Mais vale uma vida
Imersa nas batalhas
Que um eterno hiato
Escravo da solidão.
(Rodrigo Sluminski)

As boas-vindas a essa existência aconteceram em uma segunda-feira, 17 de novembro de 1980, às 19h15min. Após meu grande amigo Daniel (meu "irmão gêmeo") ter vindo ao mundo, ele e a mamãe D. Ana saíram da sala cirúrgica para que eu pudesse nascer. Filho da D. Edna e do Dr. Rodinei (que terão seu espaço a seguir), farmacêutica e médico, irmão mais novo da Danielle, na pacata cidade de São Bento do Sul/SC, Brasil.

Uma infância nas ruas, andando de bicicleta, jogando (muito) futebol, usando carrinho de rolimã, *"schlitz"* (nome alemão para descer os morros escorregando em um papelão), subindo em árvores, comendo formigas, fazendo "guerrinhas" contra os vizinhos do prédio do outro lado do muro do edifício Imosbel, enfim, uma infância típica de uma criança de cidade interiorana.

As aulas em um jardim, chamado Colégio Froebel, e a pré-escola em diante (até a formatura do ensino médio) no Colégio São José, administrados pelas freiras da Congregação da Divina Providência. Mesmos amigos desde o começo da jornada, uma época em que a única preocupação era ir pra aula (ah, se todos tivéssemos esse entendimento, não é?).

Lembro-me até hoje da minha primeira prova, na 1ª série, com a saudosa professora Maria Hermínia (*in memoriam*), em que deveríamos escrever os meses do ano, e eu escrevi "abriu" ao invés de "abril". Tirei nota 9. Primeira lição aprendida.

Mas, olhando para trás, o que mais me traz reflexões dessa fase são dois pontos: o primeiro ponto são as experiências que tive (além das citadas acima): brincar de pega-pega na escola; caçar passarinhos; dormir na casa dos amigos; comer fruta direito do pé; atravessar sozinho pela primeira vez a faixa de pedestres para ir pra escola; acordar às 6h da manhã e abrir a janela (acordando minha irmã) para sentir o "ar fresco"; brincadeira na casa do vizinhos (Yan, Ju, Dudu, Gerson); tomar picolé de frutas; andar no bote salva-vidas todas as manhãs nas férias, ginástica na praia (eu e os idosos); caminhada nas trilhas da praia; colo de mãe; vô Nino dando chocolate escondido para os netos; vó Alaíde dando um "trocadinho" de presente de Natal; tocar violão no banheiro de madrugada; guerra de limão; futebol na rua (e dentro de casa, no quarto, na sala, onde conseguia); ir no "chiqueirinho" do fusca do Zé pra jogar futebol com "Nego" e "Bugiu" no campo de futebol. Lembro de luxar meu cotovelo sete vezes na infância, cada uma das vezes corresponde a uma peripécia diferente. Lembro bem dos animais de estimação que tive: quatro periquitos (morreram de frio), um gato (não resistiu após meu pai lhe dar remédio para pulgas), duas tartarugas (uma morreu de fome, outra meu pai pisou em cima) e um coelho (que minha mãe doou, após eu achar que o coelho era igual o coelho Sansão da Mônica – que o girava pelas orelhas. Ela me disse que o coelhinho estava com saudades da mãe, e voltou pra casa. Hoje eu acredito nela). "Acho" que nunca tive muita sorte com animais.

Quero que você, neste momento, feche os olhos e por um minuto (ou mais se quiser) e lembre-se das experiências que teve na infância. Permita-se (assim como eu) sorrir, gargalhar, chorar, se emocionar. Traga essas emoções de volta até o momento presente.

É consenso, e cientificamente comprovado, que na primeira infância se estrutura todo o alicerce cognitivo e comportamental que direcionará o nosso comportamento na vida adulta. E as experiências vividas são a base para o tipo de adultos que seremos. O desenvolvimento do cérebro depende de uma série de interações, que envolvem desde os genes até as experiências que temos. Por isso, é importante você olhar para trás, vivenciar essas experiências e agradecer por tê-las vivido.

Continuando, o segundo ponto são as oportunidades. Seria hipócrita você não aceitar que está exatamente onde está hoje (também) devido às oportunidades que teve na vida. E não há nada de errado e desmerecedor nisso. Pelo contrário, é motivo de gratidão (falaremos bastante da gratidão em seguida).

Nasci em uma família com ótimas condições financeiras para os padrões sociais. Classe A. Tive um pai que nunca deixou de prover nada até minha vida adulta, e uma mãe que nunca deixou faltar amor até hoje. Escola particular, aulas de inglês, escolinha de futebol, plano de saúde e viagens.

Aliás, caso você não saiba (segundo estudo da FGV Social "Mapa da pobreza" 2021[1]) 30% dos brasileiros (62,9 milhões de pessoas) tem renda familiar inferior a R$ 497,00 mensais. Só o fato de estar acima disso já é motivo para considerar (e agradecer). É um fato muito importante para desconsiderar, o quão afortunado sou desde que nasci.

---

[1] Disponível em: fgv.br. Acesso em: 19 dez. 2023.

É claro que a oportunidade não te define, nem é sinônimo de sucesso (independentemente do que sucesso significa para você), mas abre portas que facilitam sua vida. E uma vez abertas, geram outras oportunidades. Sua dedicação e competência girarão as maçanetas necessárias das outras portas para seguir em frente.

Convite:

- relembre as experiências da infância e veja quão bem elas vão te fazer. Compartilhe alguma com quem esteve presente nessas experiências, assim você estará fazendo o bem para mais alguém, além de você.

Insights:

Minhas experiências de criança moldam quem eu sou hoje. Lembrar delas traz mais clareza e boas energias.

As oportunidades lhe ajudaram a ser quem é hoje. Agradeça por isso.

Legenda: **1.** O começo; **2.** Os irmãos; **3.** Pronto para festa; **4.** Os flamenguistas Rodrigo, Thiago e Rafael; **5.** Thiago, Fernando, Rafael e Daniel; **6.** Baile Caipira - amigo Daniel (1997).

CAPÍTULO 2

O INTERCÂMBIO

Alma que sofres pavorosamente,
A dor de seres privilegiada,
Abandona teu pranto, e sê contente,
Antes que o horror da solidão te invada.
(Vinicius de Moraes)

Esse poema não poderia descrever melhor uma das inúmeras sensações de se realizar um intercâmbio cultural. O meu ocorreu em 1996 nos Estados Unidos, no pequeno condado de Owensville, Indiana. No auge dos 16 anos, adolescência, namoro, nunca desgrudado dos amigos, embarquei nessa experiência que foi um divisor de águas na minha ainda jovem vida. Saía de uma zona de conforto de uma vida toda até ali, em busca do desconhecido. Diferentemente de hoje, com os facilitadores cotidianos que a internet nos proporciona (localização instantânea, chamada de vídeo, redes sociais para conhecer as pessoas etc.), nessa época não havia celular. Ou internet. Conheci a família que me abrigaria por carta, nunca os havia visto até chegar lá. Nenhuma foto, nada.

País diferente, cultura diferente, língua diferente. Cheguei ao aeroporto de Evansville em agosto de 1996, e um simpático cartaz de "Welcome, Thiago" (Bem-vindo, Thiago – em inglês) me esperava. Um casal jovem, Albert e Melody, seriam os meus "pais americanos". Ocorreu aquele constrangimento natural de quem nunca se viu e não tem qualquer afinidade (por não ter tido contato); fomos a um restaurante de *fast food* (maior passatempo dos americanos) e em seguida para minha nova casa, uma fazenda de plantação de abóboras.

No próximo dia, já fui para meu primeiro dia de aula: comecei indo com uma roupa não condizente com o que era padronizado, porém esse era o menor dos desafios de um adolescente estrangeiro em um colégio estrangeiro. Falas muito rápidas, gírias, olhares desconfiados para aquele que vinha de um local onde as pessoas moravam em ocas (sim, me perguntaram isso e respondi que morava em uma). Na hora do almoço, as mesas eram divididas (pelos alunos) pela série em que se estudava. Só um detalhe: não havia lugar na mesa para mim (porque os "colegas" se espaçaram bem para não caber ninguém). Me sentei junto dos professores e um colega mexicano, não via a hora de chegar em casa (casa no Brasil, no caso).

A comunicação com o Brasil era feita via telefone uma vez na semana, visto que era extremamente caro fazer ligação internacional há 27 anos, mesmo para os bons padrões da minha família aqui no Brasil. Fora isso, recebia jornais que minha mãe enviava para que eu soubesse das notícias do Brasil (não havia sites para que eu pudesse ver). A comunicação com os amigos do Brasil era feita exclusivamente por cartas. Nunca escrevi tantas cartas na vida! Recebi cartas com recortes de revista, anunciando morte do Michael Jackson e do Renato Russo, fotos de baladas, até mesmo a baba do cachorro São Bernardo de um amigo (cachorro se chamava Rufus) foi enviada dentro de um saquinho plástico enviado em uma carta... coisas da era pré-internet.

E foi após um mês morando nos EUA, e conversando com a minha sempre confidente irmã, Danielle, que entendi a primeira lição (de inúmeras que levo até hoje): há coisas que eu não posso mudar. Eu preciso focar no que está ao meu controle.

Novo país, novas oportunidades. Novas viagens. Conhecer nova cultura. Garotas americanas. Novos esportes (paixão desde sempre). Cabia somente a mim transformar meu intercâmbio em algo inesquecível. E sabendo quem eu era, confiando nas minhas virtudes, no meu carisma, cabia a mim "mudar a maré". E, então, veio o segundo *insight*: ninguém aqui me julga pelo o que eu fui até hoje. A percepção de quem me conheceu agora é de quem eu de fato sou agora, não as máscaras que eu usei por 16 anos (e que usamos para sermos aceitos durante toda a vida).

Foi assim que me candidatei e entrei no time de basquete do colégio (nunca havia treinado basquete antes), percorremos o estado inteiro na temporada regular de basquete, conquistei amigos inesquecíveis, tive momentos memoráveis (e lembrados até hoje), como quando fui orador oficial da escola no discurso de Natal, e imitei o professor mais temido do colégio (até ele riu), ou quando fiz uma viagem de um mês pela Califórnia, ou, ainda, quando fomos a uma festa e tivemos que fugir da polícia por importunar os vizinhos (não me orgulho disso). Enfim, experiências de um adolescente que moldam nosso comportamento e ficam quentinhas em nosso coração eternamente.

Essa experiência teve um final lindo. No dia do meu embarque de volta ao Brasil, a escola decretou feriado e o colégio inteiro foi ao aeroporto para se despedir. Quando cheguei ao Brasil, parecendo um boneco de neve (branco e acima do peso), os amigos daqui prepararam aquele churrasco de boas-vindas (obrigado amigos por existirem!).

Mas a experiência não tem fim (aliás, tudo o que aprendemos com elas nunca tem). Meu melhor amigo americano, Jimmy, me convidou para ser seu padrinho de casamento. Meus avós americanos, Gene e Linda, vieram na minha formatura da faculdade em 2004, e mantenho contato com muitos de lá até hoje, 27 anos após esse aprendizado.

Insights:
Na hora em que é necessário, tiramos força de onde não achamos ter.

Há coisas que não podemos mudar. Foque no que está ao seu alcance.

Quem é você, tirando as máscaras que usa no dia a dia?

Legenda: **7.** Eu com meus "pais americanos", Melody e Albert; **8.** Calçada da fama, Los Angeles - 1996; **9.** Minha casa na fazenda - Owensville / Indiana.

CAPÍTULO 3

A FACULDADE

> *[...] tento imaginar porque ainda tem gente que desiste. Deve ser por não reconhecer a beleza noturna da lua, ou por manter enjaulados seus passarinhos na gaiola.*
> *(Rodrigo Sluminsky)*

A faculdade também é um daqueles momentos "a-ha", em que você muda completamente. Como diz o poema acima, quando você sai da gaiola... sai da casinha (em vários sentidos). Se liberta do casulo, do mundinho em que viveu para receber novas influências, informações e vivências. O ano de 1999 marca o início desse ciclo de 6 anos, na Pontifícia Universidade Católica do Paraná (PUCPR). Após inúmeros trotes, algo ainda comum na época, os cabeças raspadas chegam para as aulas inaugurais e para a jornada que mudaria a vida dos que lá estão. E aquele conselho dos mais antigos "aproveite porque passa rápido" nunca foi tão válido.

A Medicina em si merece um capítulo à parte, mas há fatos que realmente merecem menção neste momento. O primeiro é o fato de não termos nesse momento da vida – adolescência – a maturidade para esse tipo de escolha tão importante que é o curso que direcionará sua carreira. Afinal, é algo que na maioria das vezes faremos pelo resto das nossas vidas (outra convenção social a que somos submetidos, como se fôssemos obrigados a fazer a mesma coisa até morrer). E em muitos casos, a maior máscara que sempre usaremos (porque fomos acostumados a isso): a nossa profissão (você se esconde atrás da sua?).

Lembro até hoje, que chegou um momento em que achava que não era aquilo que queria para minha vida. Não achava que seria essa a melhor carreira para mim. Era mais ou menos o terceiro ano da faculdade. Lembro de estar na cozinha do apartamento, que eu e minha irmã Danielle dividíamos, e eu iria falar para ela sobre minha vontade de abandonar a Medicina, porém um "vamos pedir uma pizza?" arrefeceu minha vontade de externar o que sentia. Sagrada pizza, me colocou no eixo. Mais uma das ironias de Deus, e agradeço por isso, que me mantiveram firmes no propósito.

O formato da minha faculdade deixava várias janelas ao longo dos horários de aula durante a semana, o que propiciava tempo para estudo, e também para diversão. Ah, como nos divertimos! Lembro-me bem de um semestre em que tínhamos aula na segunda-feira pela manhã e após isso somente na quarta-feira de tarde. Então, a "Gangue" (grupo de amigos muito especiais) descia até o litoral, em Guaratuba, na casa do Bruno, e lá ficávamos nesse intervalo (tinha até campeonatos de MMA nessas viagens).

Um livro aqui é pouco para listar todas as experiências da faculdade, mas alguns merecem destaque: as inesquecíveis chopadas de Odonto, momento de confraternização do bloco das Ciências Biológicas; o grupo de pagode "Só médicos sem preconceito" (formado pela "Gangue", e que mostrava o nosso pouco talento musical); as memoráveis vindas da Gangue até São Bento na Schlachtfest (festa germânica, nos mesmos moldes da Oktoberfest, só menor e mais bonita!); as chopadas dos calouros. Houve uma festa em que um de meus amigos, "Polenta", queria brigar com um cidadão que o estava encarando, e que revidava suas provocações... a briga só terminou quando ele percebeu que era o próprio reflexo no espelho.

Houve até uma advertência que a "Gangue" levou por dar trote nos calouros, ou por chegarmos ao alojamento depois do horário num estágio em Paranaguá (e sermos obrigados a voltar por conta própria até Curitiba), coisas de jovens (ninguém saiu ferido... rs). Tinha também o sagrado futebolzinho das terças-feiras, em que eu tive que carregar os amigos Lelê e Kenzo no mesmo time por 6 anos (Deus tá vendo).

Um fato que mudou (ou melhor, clareou) minha percepção sobre mim aconteceu durante o estágio de Pediatria: havia um professor, um dos coordenadores da disciplina, que (para ser educado) "pegava um pouco no meu pé". Lembro-me que quando passávamos visita nos pacientes (ato de discutir os casos dos pacientes internados), a pergunta difícil/capciosa sempre era direcionada a mim. Até que um dia, após os atendimentos do ambulatório, ele disse: "Dr. Thiago, gostaria de repassar a você elogios que recebi das mães dos pacientes sobre seu carinho e atendimento. Sabe que não sou muito de elogiar (e não era mesmo!), mas várias mães enalteceram sua humanidade e atenção". E numa fase em que normalmente definimos O QUE queremos ser (que especialidade seguir), eu compreendi QUEM eu queria ser. E desde então tenho buscado, como ser humano, ter esse carinho e atenção com meus pacientes.

Mais que profissionais gabaritados, a faculdade nos transforma enquanto seres humanos. Nos mostra a importância de "com quem" caminhar, e no meu caso, de entender que ajudamos os outros não sendo O QUE somos, mas QUEM somos.

Insights:

Nem sempre estamos preparados para nossas escolhas. Aliás, quase nunca. O importante é seguirmos firmes naquilo que somos.

Os amigos são tudo (obrigado, Gangue!).

Ser quem você é (como pessoa) é mais importante do que o que você é (como profissional).

Legenda: **10.** A Gangue: Aquiles, Bolinha, Polenta, Thiago, Blume, Ivan, Lelê, Bruno e Igor; **11.** Bruno, Blume, Igor e Thiago - estágio em Paranaguá/Guaraqueçaba (uma das advertências foi aí); **12.** Bruno, Eu, Lelê, Ivan e André - Chácara Orso - Cascavel/PR; **13.** Medicina PUC-PR - turma 1999.

CAPÍTULO 4

SER MÉDICO

> [...] Senhor te peço:
> habilidade para as minhas mãos
> lucidez para o meu espírito
> e compreensão para o meu coração...
> (Oração do médico)

Deus não podia me abençoar mais do que me dando a oportunidade de ser médico. Há 18 anos eu tenho a oportunidade diária de poder auxiliar o próximo por meio do meu conhecimento. Mais que isso, eu posso usar minha humanidade para ajudar alguém em situação de vulnerabilidade (o que é o amor, se não isso?).

Lembro até hoje do meu primeiro "atendimento oficial" como médico formado. E aconteceu após um fato no mínimo inusitado. Minha formatura aconteceu no final de janeiro de 2005. Nessa mesma semana, precisaríamos nos apresentar ao exército brasileiro. Todo médico, ao se formar, precisa se apresentar ao exército brasileiro. Naquele momento, não era minha intenção ir para o exército (se eu tivesse naquela época a mentalidade de hoje, certamente iria, acredito que deva ser uma experiência gratificante e enriquecedora). Após a apresentação aos oficiais, sairia a lista dos convocados. Eu estava confiante que não estaria na lista, pois havia conversado com um oficial conhecido que fazia parte da junta e externado minha vontade de não ser convocado. Então sai a lista: meu nome estava lá, em primeiro lugar. Amazônia. Em 5 dias. Já providenciariam a mudança, transporte, vacinas e medidas para os uniformes.

Eu já tinha emprego garantido na minha cidade (São Bento do Sul/SC), e agora estava numa corrida contra o tempo para tentar não ir. Meu pai, médico pediatra, foi trabalhar naquela semana como clínico geral na Unidade de Saúde para garantir minha vaga (tempo em que se prezava mais pelos atendimentos e auxílio aos pacientes do que simplesmente fazer números/horários, que não ajudam a população e afastam os bons profissionais). Após enviar ao exército documentos comprovando que já tinha emprego garantido, que minha mãe precisava de mim em casa (passava por um problema de saúde), declaração do Presidente da Junta Militar do Município, entre inúmeros outros documentos necessários, consegui, no sábado à noite, 12 horas antes do embarque, a dispensa.

Na segunda-feira, às 8h, atendi uma senhora chamada Márcia, com um resfriado. Meu primeiro carimbo em um receituário. Primeira orientação médica. A primeira de muitas experiências magníficas com meus pacientes (pelos meus cálculos, já foram mais de 100 mil atendimentos desde então).

Não, ao contrário de muitos colegas, eu não faço da Medicina a minha vida. Porque eu considero minha vida muito mais do que o que eu faço, mas agradeço a oportunidade de poder exercer minha profissão com amor a carinho.

A pandemia de Covid-19 (que merece um capítulo à parte mais a frente) veio reavivar essa parte profissional da minha existência.

Eu já exerci minha profissão nas mais variadas vertentes: médico do trabalho, plantonista, médico na área rural, fazendo visitas domiciliares, médico especialista em Medicina da Família, médico esteta, clínico geral, atendendo em tendas durante a epidemia de H1N1 (gripe A), atendendo em Centro de Atendimento de Covid-19, fazendo perícia judicial, avaliação pericial para carteira de habilitação, atendendo em 3 cidades ao mesmo tempo. Independentemente de onde esteja, coloco todo amor do mundo naquilo que faço. Essa é a questão: não é o que você faz, mas porque você faz o que faz.

Já recebi inúmeros presentes de pacientes: chocolates, vinho, pepino em conserva, macarrão, frango (vivo), papagaio, periquito, carnes, suco de uva. Já recebi a honra de ter meu nome em crianças recém-nascidas cujo pré-natal eu realizei nas mães. Mas o melhor presente que recebi foi de uma paciente de 105 anos, D. Julia, na qual eu realizava visitas domiciliares todas as semanas. Era um casebre humilde, de chão batido, sem portas nem janelas, mas com uma energia maravilhosa, em especial dessa bisavó, que apesar da diabetes e pouca mobilidade, emanava bom humor e gratidão. Eu levava a ela algumas guloseimas (não muitas, porque ela era diabética) e alguns presentinhos, o que era retribuído com um sorriso e uma gargalhada sem preço. E o presente maior foi o que ela me disse: "Dr. Thiago, obrigado por me enxergar de verdade. Não como paciente, mas como ser humano". Quantas vezes não enxergamos quem está ao nosso lado. Nos preocupamos tanto em reclamar dos nossos problemas (que na maioria das vezes nem são tão grandes assim), olhamos só para o próprio umbigo e deixamos de realmente enxergar os irmãos que passam ao longo da nossa caminhada. E entendendo que, como seres sociáveis que somos, não podemos ser felizes sozinhos, é importante darmos atenção às pessoas que nos cercam. Ouvir mais. Falar menos. Sentir mais. Julgar menos. Enxergar os outros de verdade.

Nesse exato momento em que escrevo, após terminar meus atendimentos, acabei de liberar um paciente que vinha sentindo um desconforto no peito, após uma avaliação foi diagnosticado com um problema cardíaco. Fez alguns exames e teve que realizar uma cirurgia de colocação de uma prótese de válvula cardíaca e colocar um marca-passo. Voltou para me agradecer por (palavras dele) "eu ter escutado ele de verdade e por isso ter o salvado". Mal sabe ele que também me salvou, por ter permitido que eu fizesse isso. Somos todos instrumentos uns dos outros. Não para sermos manipulados (como uns fazem). Mas para servirmos de auxílio, sermos degraus na escada evolutiva uns dos outros.

Você tem aproveitado essa oportunidade? A Medicina faz parte de mim. Não é minha vida, mas um instrumento que estará sempre marcado em mim como forma de contribuir. Mesmo que não a exerça indefinidamente, foi e sempre será algo marcante e importante na minha vida.

Insights:

Não importa O QUE você faz. Mas sim PORQUE você faz aquilo que faz.

Faça com amor. Esteja completo para as pessoas.

Enxergue os outros de verdade.

Use o que tem de melhor para ajudar os outros (e a você mesmo) a ser feliz.

Legenda: **14.** Atendendo fantasiado de palhaço no dia das crianças - Corupá 2008; **15.** Eu e a pacientinha Manu; **16.** Palestra sobre Câncer de Mama - Bairro Urca - São Bento do Sul/SC; **17.** Palestra sobre Diabetes - Bairro Cruzeiro /SBS.

CAPÍTULO 5

PAIS

Amor, carinho, abnegação.
Paciência, conflitos, perdão.
O que está aí dentro,
Para poder me ensinar?
Não as palavras, mas o exemplo,
Do que se ser, como caminhar.
(O autor)

Nossos pais são os nossos exemplos. A frase pode parecer clichê, mas é a mais pura verdade. O que não podemos esquecer é que os pais também são humanos. E como tal, são imperfeitos e passíveis de erro. Há alguns casos (não o meu), em que são exemplos de como não sermos, e se formos inteligentes para entender, temos aí uma lição valiosa.

Vim ao mundo graças ao Seu Rodinei e a Dona Edna. Ele, nascido bem pobre em Tubarão, e formado médico no Rio Grande do Sul, conheceu minha mãe na faculdade. Ela, nascida em Aparecida do Norte, criada em Brusque e formada Bioquímica e Farmacêutica. Vieram para São Bento do Sul por oportunidade de trabalho de meu pai, que foi um dos primeiros pediatras da cidade.

Do meu pai lembro muito do afinco pela profissão e pelas crianças. Até hoje, após sua aposentadoria, escuto histórias sobre pacientes atendidos por ele. Tenho inúmeras memórias de acompanhá-lo nas visitas aos pacientes no hospital. Lembro bem de uma ocasião (impensável nos dias de hoje), em que um paciente havia se acidentado e perdido um dos pés, e quando as enfermeiras se descuidaram a criança de 4 anos (eu no caso) estava brincando com o pé amputado que estava dentro de um saco plástico. Lembro também de montarmos o presépio de Natal na pediatria, para animar as crianças internadas, e de como passava tempo conversando e brincando com as crianças enquanto meu pai prescrevia os cuidados médicos necessários a elas. Nunca fui pressionado para ser médico, mas certamente sua influência foi muito presente para minha escolha profissional. Outra boa memória, eram as caminhadas que fazíamos na praia de Balneário Camboriú/SC, e dos passeios que fazíamos diariamente com um salva-vidas, que nos levava em seu bote de borracha para dar uma volta até a ilha das Cabras. Meu pai foi exemplo de luta para melhorar de vida, não mediu esforços para que eu e minha irmã tivéssemos sempre muito conforto e a melhor estrutura para estudarmos e sermos bons profissionais. Sua paixão pela praia, local onde hoje vive sua merecida aposentadoria, também é algo marcante.

A D. Edna sempre foi (e é) muito presente na minha vida e da minha irmã. Cozinheira de "mão cheia" (tanto é que almoço na casa dela 2x por semana até hoje!), é um exemplo de altruísmo e dedicação ao próximo. Lembro muito das suas torcidas nos meus jogos de futebol (aqueles gritos de "vai filho!" na época davam vergonha ao adolescente, mas hoje são motivo de muito orgulho e boas memórias), das contas de matemática que deixava em uma folha para eu fazer todos os dias, dos álbuns de fotos (e das fotos de Natal que ela gosta de tirar umas 200 até hoje!), da minha primeira "prescrição médica" que fiz com 6 anos e ela guardou para me dar de presente de formatura da faculdade (e está exposta hoje em um dos meus consultórios). Lembro de viajar para a praia dando a mão a ela pela lateral do banco de passageiro e dela segurar o saquinho plástico quando eu enjoava na viagem. Aliás, eu enjoava todas as vezes. Na época da faculdade, minha mãe fazia comidas e as congelava para eu levar para Curitiba. São diversos os atos de amor dessa mãezinha querida.

No final da minha faculdade, lá pelo ano de 2003, meus pais se divorciaram. Nesse ponto, eu e minha irmã não morávamos mais em São Bento, estávamos ambos em Curitiba. Uma relação que vinha se desgastando há tempos, em que cada um tinha sua motivação (para estar junto e depois para não estar). O fato é que esse foi um ponto (ao meu ver) muito importante em suas vidas. Não pelo fim do relacionamento (embora nós tenhamos dificuldade em assumir que falhas acontecem), mas por entender que isso foi extremamente benéfico a ambos. Desataram nós de sentimentos ruins. E puderam, oficialmente, seguir sua jornada da forma que lhes fosse mais conveniente. Entendendo (embora não reconhecendo) quanto um foi importante ao outro e vivendo mais leves dali em diante.

A vida é uma eterna sequência de encontros e desencontros. Com verdades que depois não se mostram tão verdadeiras assim. Com aprendizados, decepções e voltas por cima. Com reconhecimentos, ferimentos e cicatrizes. Algumas por coisas que não estão sob nosso controle, outras que nos compete mudar com coragem e resiliência.

O fato é que não poderia ter pais melhores. Cada um à sua maneira, com sua própria criação, crenças e conceitos de amor/família/carinho, me deram todos os exemplos e oportunidades necessárias para que eu crescesse e me tornasse quem eu sou. E se tenho orgulho de quem me tornei, devo esse orgulho a eles. Obrigado por existirem.

Insights:
São as lições que absorvemos (e nãos as que nos são apresentadas) que nos moldam.

Nossos pais são exemplos, honre-os por isso.

Reconhecimento, desprendimento e resiliência invariavelmente (mas não necessariamente nessa ordem) farão parte da sua vida.

VIDA – APRENDA COM ELA:
FATOS E VIVÊNCIAS QUE SÃO IMPORTANTES DEMAIS PARA NÃO SEREM OUVIDOS

Legenda: **18.** Minha mãe Edna; **19.** "Vai filho!" ela gritava...; **20.** Meu pai Rodinei; **21.** Festa Italiana; **22.** Meu cunhado José, minha irmã Danielle, minha mãe Edna, meu sobrinho João Luiz, eu e minha esposa Ildemara; **23.** Dia dos pais 2023.

CAPÍTULO 6

ELOS DE AMOR E PAZ

Não exijas dos outros qualidades que ainda não possua.
(Chico Xavier)

De volta à minha terra natal, procurava (assim como todo mundo) equilibrar as áreas da minha vida. Na época, procurava algumas respostas dentro de mim na esfera espiritual. Quando falo "espiritual", não digo sobre religião em si, mas sobre acreditar e colocar em prática os ensinamentos aprendidos, independentemente de que crença eles venham. Aliás, a melhor religião é aquela que nos torna seres humanos melhores. Não em conhecimento, mas em atitudes.

Na época, conversei sobre isso com meu amigo Mello (companheiro de futebol, futebol de mesa, ciclismo) e ele me falou de um local muito especial que se chamava Elos de Amor e Paz. Era um centro espiritualista, que funcionava na garagem de uma das participantes. Era uma segunda-feira fria e chuvosa em São Bento, em agosto de 2005, e ao chegar na casa da Maria Olivia (pessoa que se tornou uma grande confidente, com quem eu podia contar e brigar sempre, além de amiga especial até hoje), fiquei encantado com a simplicidade do lugar e da energia maravilhosa que era dispendida à todos na energização, que era realizada após a palestra. Daí em diante foi um caminho sem volta. O espiritismo me trouxe mais clareza sobre dúvidas existenciais, ao mesmo tempo que simplificou pontos em que eu precisava melhorar (não digo com isso que é melhor que outras religiões, mas foi a que mais fez sentido para mim). Dentre as inúmeras reflexões que o espiritismo me trouxe, a principal é a que nos responsabiliza pela nossa própria evolução. Simples e instigante ao mesmo tempo. Isso porque, ao mesmo tempo que é muito bom entender que nossa evolução depende do nosso esforço, nos responsabiliza única e exclusivamente pela nossa felicidade (ou falta dela). Somos (mal) acostumados a colocar a culpa nos outros, nosso "ego"ísmo não nos permite muitas vezes entender que a responsabilidade por nossos pensamento, sentimentos, ações e resultados são única e exclusivamente nossos. E com isso, é necessário que melhoremos continuamente nossa vibração para que atinjamos aquilo que gostaríamos.

O Elos era muito mais que um centro espiritualista, era um local de aprendizado, de reflexão e, principalmente, de cura. Desde o atendimento fraterno, que era uma conversa/triagem realizada para os que chegavam à casa, passando pelas palestras edificantes, até as terapias energéticas que eram realizadas de acordo com a necessidade de cada um; os trabalhos de psicografia, apometria, entre outros; tudo era cura para a alma. Fora do Elos havia campanhas para auxiliar pessoas em necessidade e alguns eventos, como bazares, cafés, rifas e feiras de livro eram realizados para que mantivéssemos as atividades e auxiliássemos os mais necessitados.

Após a Maria Olivia (então dirigente da casa) mudar-se para o litoral, fiquei com a honra de continuar esse trabalho lindo, que aconteceu até 2020. Nem tudo foram flores (aliás, a vida não é um mar de rosas. E nunca será. Nós estamos aqui, nesse plano de provas e expiações, para evoluirmos. E também para expurgarmos ações cometidas no passado. Por isso, o entendimento de que tudo que nos ocorre é aprendizado nos traz essa segurança de seguir em frente, apesar dos percalços do caminho, com fé, esperança e também com paciência e resiliência). O Elos despertou em mim essa busca por, de alguma forma, ajudar quem precisasse. E por meio dele surgiram outras ações lindas, como o "Adote uma família", que foi formada por antigos trabalhadores da casa, em que cada um era "padrinho" de uma família e durante a pandemia pudemos amenizar um pouco o sofrimento de famílias que passavam por algum tipo de dificuldade. A "minha" família, liderada pelo seu Adão, me ensinou muito sobre carinho, gratidão e de estarmos presentes um na vida do outro, independente da dificuldade.

A cada um que caminhou comigo durante 16 anos no Elos de Amor e Paz, aos que sempre foram ombro amigo, também aos que ensinaram exemplos a não serem seguidos, aos frequentadores que depositaram confiança e fé no trabalho que foi desenvolvido, aos mentores espirituais que nos orientaram no bom proceder, enfim a quem de alguma forma se doou para que essa história linda acontecesse, minha eterna gratidão pelas experiências vividas e lições aprendidas.

Quando entendemos que a felicidade do outro também é minha felicidade, que só seremos felizes se o outro também for feliz... e, principalmente, quando entendemos que não existe "outros", mas sim que somos todos parte de uma coisa só, aí começamos a evoluir enquanto humanidade. Aliás, qual o sentido de estarmos aqui se não o de evoluirmos enquanto criaturas?

Insights:
Existe um mundo além do meu umbigo.
Fazer os outros felizes é a maneira mais genuína de ser feliz.
Na verdade, não existem "outros".

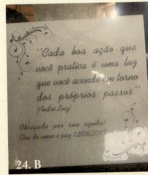

Legenda: **24.** Elos de Amor e Paz, encerramento 2019; **25.** Arteterapia; **26.** Café do Elos.

CAPÍTULO 7

A "MANA" (IRMANDADE)

> [...] amor fraterno era algo natural em mim, embora tolhido ao acaso. Quando antes de forma inconsciente deleitava aos prazeres do amor desinteressado, acusava agora a consciência da correlação que naturalmente faço com admiração. Não desmembrava da mesma caixa de amor e reconhecimento. A consciência dessa fraternidade distinta de admiração significou para mim o limite do ego e o fim da bajulação.
> (Rodrigo Sluminsky)

Existem irmãos de sangue e irmãos de alma. Existem os que tem sorte de ter ambos na mesma pessoa. Eu sou um desses. Minha irmã Danielle sempre foi (um) presente para mim. Desde sempre, tivemos afinidade e companheirismo de irmãos. Não tenho lembrança (minha mãe deve me desmentir, rs) de brigarmos, o fato dela ser 4 anos mais velha deve ter ajudado nisso. Minha irmã sempre foi à frente do seu tempo. Falou antes, leu antes, queria desbravar o mundo ainda adolescente (e me confessava que ficava indignada por meus pais não deixarem uma menina de 13/14 anos viajar para o exterior sozinha). Ela sempre grande (de altura e de mentalidade) para sua idade.

Um fato marcante que fez parte da história da nossa família envolveu minha irmã: em uma noite de inverno no nosso apartamento antigo no edifício Imosbel, ela tomava banho no único banheiro da casa. Na época, era comum usarmos aquecedores nesse ambiente, para amenizar um pouco o frio que sempre atinge São Bento no inverno. Depois de alguns minutos, um cheiro de queimado vinha do banheiro, após não receber resposta ao perguntar por ela, meu pai arrombou a porta do banheiro e se deparou com uma cena de arrepiar: estava lá, minha irmã, desmaiada no chão, com a cabeça queimada pelo aquecedor. Não havia cabelo, somente um emaranhado de fios queimados e cheirando mal. O crânio estava à mostra, só lembro de ver meu pai correndo com minha irmã nos braços para o hospital e os gritos da minha mãe. Após recobrar a consciência, não enxergava nada (poderia ser uma sequela definitiva da queimadura ou por intoxicação com o gás). Foram momentos de muita angústia, que felizmente tiveram um final feliz. Ocorreram inúmeras cirurgias plásticas com o Dr. Tatit – que virou um grande amigo da família –, lembro-me dela indo às aulas com a cabeça enfaixada, como se fosse um turbante. Mas lidou com muita resiliência essa fase de recuperação.

Outra história que até hoje é motivo de risadas nos nossos jantares, foi quando ela me fazia nadar no mar. Na verdade, ela segurava minhas pernas e me mandava bater os braços; em uma dessas vezes, acabei engolindo água e vomitando. Ela, muito sábia, e para não ter que encarar a bronca dos meus pais, me pediu pra não contar nada do ocorrido que me pagaria um "geladinho" de limão. Pazes feitas, picolé na mão. Vida que segue.

Em contrapartida, eu a acordava cedo quando tinha que respirar ar puro – lição de casa dada pela professora do jardim –, abria a janela do quarto no inverno às 6h da manhã. Ou quando eu tocava violão de madrugada no banheiro, cantando em uma língua que achava que era inglês, canções como Catiméru lun juice (na verdade era a música, Rebel In Me, de Jimmy Cliff). Cantei essa versão própria no meu casamento, ninguém entendeu nada, só quem tinha tido o prazer de me escutar tocando violão no banheiro à noite.

Em Curitiba, no período da faculdade, moramos juntos por 6 anos. Fomos cúmplices. Confidentes. Ombro amigo. Parceiros de balada. Minha irmã é daquelas pessoas que, mesmo não estando perto, está sempre presente. Me orgulho muito da mulher/profissional/mãe que se tornou (meu sobrinho, João Luiz, o maior torcedor do Coritiba, tem muita sorte da mãe que tem). Há segredos que temos e há conversas e críticas que só podemos fazer um ao outro.

Durante a pandemia de Covid-19, tive a honra (e desafio) de ser seu médico. Lembro-me bem de quando me ligou dizendo que meu sobrinho estava com alguns sintomas, mas eles (ela e meu cunhado) até então, não. Alguns dias depois, meu cunhado piorou e teve que ser hospitalizado. Minha irmã não estava muito bem e ficou em casa com meu sobrinho (que já não tinha mais sintomas). Nessa fase, fazia consultas/avaliações/orientações via internet (foi algo comum durante a pandemia, pela quantidade de pacientes com a doença e a escassez de médicos atendendo essa demanda). Vi ela piorando a cada dia e por ter algumas comorbidades havia um pouco mais de preocupação. Houve um momento em que ela não conseguia mais tomar banho, nem levantar o braço, nem comer adequadamente. Exames feitos: 40% do pulmão comprometido. Oxigenação do sangue no limite. Fraqueza extrema. Ela não queria sair de casa, porque não havia com quem deixar meu sobrinho (coisa de mãe), mas a situação estava crítica. Tive então que intervir: ou ela providenciaria um concentrador de oxigênio, aparelho para aumentar a oxigenação do sangue – porque o corpo precisava daquilo –, ou teria que ser internada também. Nesse momento é difícil ser médico/irmão, mas foi uma situação com que me deparei inúmeras vezes durante a pandemia. Ser amigo/médico, ser patrão/médico, ser familiar/médico. Ao mesmo tempo, não falava da real situação para minha mãe, para não preocupá-la com algo que no momento não poderia resolver. Lembro-me bem, quando falei para ela que era iminente a necessidade de interná-la, era uma sexta-feira, meio-dia. Dei a ela umas 2 horas para providenciar o aparelho e oxigênio, ou iria encaminhá-la ao hospital. Conseguimos o aparelho, repouso absoluto, alguém para cuidar do meu sobrinho e aguardar uma evolução favorável. Aos poucos foi melhorando, em uma semana estava melhor (as sequelas duraram ainda um tempo, tanto dela quando do meu cunhado). Agradeço a Deus por ter me dado a oportunidade de ajudá-la, e mais ainda por ela ter ficado bem.

    Agradeço ainda mais pela oportunidade de viver essa vida como seu irmão. Obrigado, "mana"!

Insights:
Sorte de quem tem irmão de sangue e de alma na mesma pessoa.

Mais importante que a própria jornada é com quem caminhamos durante ela.

VIDA – APRENDA COM ELA:
FATOS E VIVÊNCIAS QUE SÃO IMPORTANTES DEMAIS PARA NÃO SEREM OUVIDOS

Legenda: **27.** 1981; **28.**; **29.** Natal em Brusque; **30.** Formatura Danielle - 2000.

CAPÍTULO 8

DINDO

Partir é morrer um pouco.
É a despedida das lágrimas aos olhos.
Partir é um pedaço de nós mesmos que se partiu.
É a ausência de nós mesmos em uma certeza quase.
De quem sabe um dia... Em algum lugar nos reencontraremos.
Ou quem sabe... Nunca mais.
(Michell Foitte, 2016)

O "Dindo", como era carinhosamente chamado meu padrinho Oswaldo, é daquelas pessoas ímpares, que marcam seu lugar por onde passam. Pela empatia, pelo caráter, pela alegria, pela energia.

Era amigo do meu pai em Porto Alegre, quando nasci foi convidado para ser meu padrinho. Morávamos em São Bento, à quase 700km de distância, mas ele não poupava esforços para vir nos ver. Lembro-me que ele fazia um penteado esquisito, jogando o cabelo que lhe restava em uma das laterais por cima da cabeça e não gostava que mexessem. A criança aqui insistia em mexer, mas ele não fazia nada. Ou melhor, xingava. O Dindo foi um dos caras mais "desbocados" que conheci. Era dono de um humor sarcástico que encantava a todos, e dono de um coração sem igual. Ele considerava a família da minha mãe, que mora em Brusque/SC, sua família. Vinha quando possível, veio ao enterro de meu avô, realmente nos considerava sua família. Me tratava como seu próprio filho. Tínhamos uma eterna brincadeira, falávamos ao telefone que "é a sua vez de vir me visitar, porque eu fui por último". E ele sempre respondia *"já fiz tanto quilometro pra te ver, que terá que ter umas 3 vidas pra igualar a mim"*. Quando me dava presentes, sempre dizia *"olha, esse presente é muito caro, então já é presente aniversário desse ano e do outro, Natal, casamento e bodas"*. Além de meu padrinho de batismo, foi meu padrinho de casamento e padrinho de casamento da minha irmã também.

Quando tinha uns 7 anos, fui visitá-lo e ele tinha em casa um cachorro, da raça Cocker Spaniel, chamado Billy. Era um animal pelo qual ele tinha muito apego, sempre tinha na sua carteira uma foto minha com Billy. Lembro bem da sua paixão por bolacha de Natal e "beijo baiano" (uma bolacha de mel) feitos aqui em São Bento, que ele comia tomando leite, deitado na cama. Ele também oferecia as bolachas na sua loja, que era sempre um sucesso entre os clientes.

Quando me graduei na faculdade, me deu de presente meu primeiro carro, um Celta preto, que vim dirigindo feliz lá de Porto Alegre, em uma das minhas visitas a ele. Foi também quem nos presenteou com as alianças no nosso casamento. Perdi a minha aliança no mar em Balneário Camboriú em um verão, e após informá-lo que *"fiz uma oferenda à Iemanjá"*, ele prontamente me deu outra, não sem antes me xingar, como de costume.

Os nossos encontros, que não eram tão frequentes, eram compensados com muito amor e intensidade. Da última vez que lhe visitei, lembro que estávamos a caminho de Gramado/RS, e ele me confidenciou que pensava em fazer um testamento, porque já estava ficando velho e não queria se incomodar com isso.

2 de agosto de 2020. Domingo à noite, recebo uma ligação da minha mãe. Ela, que conversava frequentemente com o Dindo, havia estranhado o fato de ele não ter dado notícia nas últimas semanas. Ao ligar para ele, foi atendida pela sua sobrinha. Ela contara que ele havia sido contaminado pela Covid-19 e que estava hospitalizado. Na UTI. Entubado. É sempre um choque receber uma notícia dessas de alguém que amamos, mas nesse momento meu lado médico (racional) me fez pesquisar mais sobre o seu estado. Conversei com colegas do hospital. Sua situação era realmente crítica. Conversei com a sua sobrinha (a que atendera o telefone), ela me relatou a situação, que era realmente delicada. O Dindo havia tido tuberculose um tempo antes e ficara com sequela em um dos

pulmões. Era obeso, hipertenso, imunodeprimido. Paciente de risco. Ao mesmo tempo, recorri a minha amiga Maria Olivia (aquela do Elos de Amor e Paz), e fizemos tudo o que nos foi possível na esfera de energização/espiritual.

É muito angustiante não poder fazer nada. Aliás, na minha opinião não há nada pior do que a sensação de impotência. De não ter o controle. Porém, é preciso que entendamos que há coisas que não podemos controlar. Nem solucionar. E se não tem solução, solucionado está. O que nos cabe é fazer o que está ao nosso alcance. Nem que seja rezar. A fé é essa energia que nos ajuda nos momentos de dificuldade. Não, ela não tornará nossa vida mais fácil. A vida é o que é. A fé nos tornará mais fortes para enfrentar os percalços da vida. É por isso que a fé é tão indispensável na nossa caminhada. Independentemente do que você acredita, chegará o momento em que tudo o que lhe restará será a fé.

Rezei. Para que ele ficasse bem. Seja lá o que isso significasse. Pedi pra Deus para que o melhor para ele fosse feito.

Um dia depois, estava eu pegando um avião para Porto Alegre. No meio da pandemia. Porque, lá dentro de mim, eu entendia que precisava estar lá. Estar presente para ele. Assim como ele foi presente para mim durante toda sua vida, eu precisava estar lá. Não pensei como seria, nem o que faria. Mas fui.

Chegando lá, fui direto ao seu apartamento, onde estavam sua sobrinha, irmã e seus funcionários. Me colocaram a par da situação, discutimos alguns pontos, lembramos de histórias que só o Dindo poderia nos proporcionar. Ele tinha um quadro em seu apartamento, uma obra valiosa, de um retrato feminino. Eu achava, desde criança, essa mulher muito feia, horrível. Mas ao invés de chamá-la de "horrível", eu dizia "mulher incrível". E esse ficou o apelido daquela obra, a "mulher incrível" (ele sempre me dizia que a "mulher incrível" seria a minha herança). Tomamos um vinho em sua homenagem (o Dindo não tomava vinho, mas comprava e dizia que era para quando eu e a "pinguça" – que era o apelido que ele chamava a Ilde, minha esposa – fossemos lá).

No dia seguinte, pela manhã, havia a visita aos doentes no hospital. Era época de pandemia e as visitas estavam proibidas. Na UTI, em alguns dias era permitida entrada, porém somente de um visitante por um curto período. Fomos até lá, eu e sua sobrinha, e após termos conversado com os médicos e me identificado como colega médico, e explicado a situação de eu ter viajado para visitá-lo, permitiram minha entrada.

A UTI é um lugar assustador para quem não é do ramo. E torna-se assustador também quando se é um familiar visitante. Passei a porta de entrada. Barulhos de respirador, bipes, alarmes. Silêncio. Todos adequadamente vestidos e protegidos com toucas, máscaras e materiais de proteção individual. No meio da pandemia, mais parecia um cenário de filme espacial. Me dirigi até o seu *box*, o número 28. Lá estava ele. Deitado, entubado, inerte. O lençol o cobria até a cintura, seu tórax inflava à medida que o respirador trabalhava. Silêncio. Foram os 30 minutos mais conflituosos da minha vida. Eu, médico na linha de frente do atendimento à Covid-19, sabia o que aquilo significava. Mas eu estava ali. Presente. Só acredito que ele não estava mais. O corpo sim, o espírito.... não. A energia, a ironia, os xingamentos, o carinho, as mãos grandes te apertando, o abraço de urso... não. Estava "feliz" de poder estar ali, e triste ao mesmo tempo, por vivenciar a situação. "Conversamos" por bastante tempo, até que eu tivesse que sair dali.

Conversei com os colegas, para entender a real situação (que eu já sabia, só não queria acreditar). Na mesma noite voltei para São Bento, porque no outro dia teria plantão no atendimento à Covid-19. Na próxima manhã, recebi a notícia que ele havia desencarnado. É uma sensação paralisante receber a notícia da morte de alguém amado. Foi a primeira vez que tive essa sensação (meu avô morreu quando eu era bem mais novo, não tinha tanto entendimento). A morte ainda é um tabu para todos nós. Apesar de ser a única certeza que temos, parecemos não querer acreditar nisso, evitamos o assunto. E assim, vivemos como se isso nunca fosse acontecer. Mas acontece, invariavelmente, com todos nós.

Se não sabemos quando isso vai acontecer, nos cabe completarmos nossas experiências enquanto podemos. É só essa completude das experiências que nos trará um alento no momento da despedida. Viver a vida o melhor que pudermos. Até porque a morte não é o contrário da vida. "O contrário da morte é o nascimento. A vida é o que acontece entre os dois" (*A morte é um dia que vale a pena viver*. Ana Claudia Quintana Arantes, 2017).

O Dindo se foi. Não teve tempo de escrever seu testamento. Mas isso pouco importa. Porque o legado que deixou, a marca que seu ser deixou nas pessoas, é imortal. E viveu a vida com tanto amor que a passagem para outro plano só tornou mais especial cada momento que pude ter com ele. Te honro e agradeço por isso. Fica em paz.

Insights:

Mais importante que a quantidade é a qualidade dos nossos relacionamentos;

Há coisas que não temos controle. Concentremo-nos naquilo que podemos controlar.

"O contrário de morte é nascimento. A vida é o que acontece entre os dois".

Não há maior presente do que ESTAR PRESENTE na vida das pessoas.

VIDA – APRENDA COM ELA:
FATOS E VIVÊNCIAS QUE SÃO IMPORTANTES DEMAIS PARA NÃO SEREM OUVIDOS

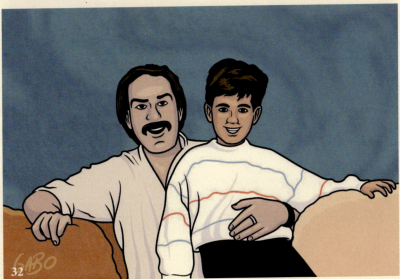

Legenda: **31.** Billy e eu; **32.** ♥

CAPÍTULO 9

A "AMADINHA"

Amo-te tanto, meu amor... não cante
O humano coração com mais verdade...
Amo-te como amigo e como amante
Numa sempre diversa realidade
Amo-te afim, de um calmo amor prestante,
E te amo além, presente na saudade.
Amo-te, enfim, com grande liberdade
Dentro da eternidade e a cada instante.
Amo-te como um bicho, simplesmente,
De um amor sem mistério e sem virtude
Com um desejo maciço e permanente.
E de te amar assim muito e amiúde,
É que um dia em teu corpo de repente
Hei de morrer de amar mais do que pude.
(Vinicius de Moraes)

Julho de 2005. Frio, chuva em São Bento (o que não é nenhuma novidade). Aquela noite de inverno típica, que convidava a ficar embaixo das cobertas. Mas a vontade de curtir uma balada foi maior, então eu e o Dadinho, amigo de longa data, fomos ao famoso Bier Kneipe, bar que foi do Pedro Ivo, pai do meu amigo "Dína", e era ponto de encontro durante toda nossa adolescência/juventude. Chegando lá, nada mais que algumas pessoas corajosas para sair num clima daqueles. Ao nosso lado, uma rodinha com umas 10 pessoas, 8 homens e 2 mulheres.

Uma delas me chamou atenção. Morena, sorriso largo, olhos amendoados, cabelo longo e uma energia que era encantadora. Algumas trocas de olhares e conversas ao pé do ouvido nas idas e vindas do bar terminaram com um bilhete com o nome e um telefone. "Ilde". Ao sair, vi que ela saiu ao mesmo tempo do bar, e fui acompanhando seu carro até o trevo. Meu carro era o Celta que havia ganhado do "Dindo", com placa de Porto Alegre/RS... Isso renderia uma história engraçada, porque a Ilde, que é apaixonada por sapatos, ficou muito animada ao ver minha placa de Porto Alegre, achando que eu era um vendedor de sapatos vindo de lá. Se decepcionou ao saber que eu era médico...

A troca de mensagem virou encontro, que virou mais encontros e muitas noites no sofá da Iris, dona da casa onde a Ilde morava em Rio Negrinho, cidade vizinha de São Bento. Depois veio o namoro, uma fase de muito carinho, companheirismo e amadurecimento como pessoa. Isso eu devo muito a Ilde. Linda por dentro e por fora, a Ilde é sinônimo de justiça e retidão de caráter. "O que é certo é certo" é seu lema, que ela leva mais a sério do que todos que eu conheço. Em 2008, decidimos que era momento de seguirmos caminhos diferentes. A falta de maturidade ou a falta de objetivos comuns à época acredito que tenham sido os motivos para tal. Sem brigas, nem mágoas, foi uma decisão difícil, mas acertada. Lembro-me até hoje, em uma viagem de carro, minha mãe perguntando das minhas "namoradinhas" e eu dizendo "A Ilde é alguém que ainda está na minha vida".

Um ano após estarmos separados, nos reencontramos por um acaso em uma balada. Ao conversarmos, soube que ela estava de partida para a Nova Zelândia. Abandonara o trabalho, tudo o que lhe prendia aqui (ou o que achava que prendia) e iria se aventurar do outro lado do mundo. Ficamos juntos por 1 mês, antes de ela viajar. Ela em uma nova fase. Eu me estabelecendo profissionalmente aqui. Mais de 12 mil quilômetros de distância. Após 4 meses de ela estar lá, comprei uma passagem e fui visitá-la. Era mais que uma visita, era um encontro que nos traria reflexões para toda uma vida. Passei 3 semanas na Nova Zelândia, um país maravilhoso e encantador (exceto por dirigir na mão inglesa). É o país mais organizado, limpo e civilizado que eu já conheci, moraria facilmente nessa ilha. A organização de Auckland, as piscinas de lama borbulhante e gêiseres de Rotorua, os esportes radicais em Queenstown, pular do bungee jump mais alto do mundo na época, o Nevis Jump, e conhecer a cultura Maori, tão presente em todos os cantos do país, foi algo inesquecível.

Mais que isso, essa experiência que vivemos juntos nos trouxe reflexões importantes do que faríamos, enquanto casal, dali para frente. Então, 2 meses depois, após concluir seu curso de inglês, Ilde voltou para o Brasil. Daí para o casamento foi um pulo. O casamento ocorreria em 2012, mas como nessa época estava abrindo a minha primeira clínica, o fator financeiro nos fez postergar. Aliás, esse foi um episódio que nos fez crescer muito como casal e como pessoas: a decisão e responsabilidade de adiar um sonho (o casamento) para não começar uma vida juntos endividados. Pode parecer óbvio, mas muitas vezes tomamos decisões na nossa vida por emoção, em especial ao comprar "coisas". Desculpas que damos a nós mesmos como "eu mereço", "depois vejo como faço", "eu preciso disso", "serei mais feliz ao ter isso" fazem parte do arsenal de autossabotagem. E o pior: muitas vezes fazemos isso não para satisfazer nossas vontades (o que por si só, caso não haja planejamento, é uma burrice), mas por convenção social ou para satisfazer o que a sociedade espera de nós. A imagem. Como se isso definisse quem somos de verdade.

Fazemos muitas coisas na nossa vida sem realmente precisarmos, muitas vezes motivados por dois motivos: medo de se sentir fracassado ou medo do que falarão a nosso respeito. E isso diz muito sobre nosso ego. Pensar com clareza é muito mais difícil do que parece, até porque somos estimulados desde pequenos que precisamos "ter" as coisas, seguir um fluxo da vida correto (como se houvesse uma fórmula mágica para ser feliz): você precisa estudar, crescer, se formar na faculdade, daí precisa casar, ter filhos, carro, casa, envelhecer e morrer... sem julgamentos a quem segue esse roteiro, mas ninguém "precisa" seguir isso; o que você precisa é SER FELIZ à sua maneira. Da forma que julgar melhor. Claro, vivemos em sociedade e há limites de bom senso e responsabilidade, porém você não deve basear suas decisões (e sua vida) no que os outros pensarão ao seu respeito. Pare de usar armaduras que escondem seu medo de ser feliz de verdade, da maneira que quiser.

Então, decidindo postergar nossa festa de casamento, para algo que era prioridade no momento, ficamos ainda mais felizes para planejar com calma esse momento que marcou o início dessa história tão linda, que ocorreu em agosto de 2013.

Não, casamento não é fácil. Juntar as escovas é fácil, alinhar personalidades, hábitos e formas diferentes de viver não. O ser humano é complexo, porque traz consigo bagagens de experiências de toda uma vida (e de outras existências também). E só amar não basta, é preciso entender e respeitar as diferenças. Isso a Ilde sabe fazer muito bem. Com seu "jeitinho" e simplicidade, ela me mostra todos os dias que o amor de verdade se renova sempre, que o mais importante é "estar junto", com propósitos alinhados e respeitando (embora discordando muitas vezes) das diferenças. Ter em uma mesma pessoa sua amante, melhor amiga e quem te instiga a ser alguém melhor todos os dias é privilégio para poucos, eu tenho orgulho de dizer que sou uma dessas pessoas privilegiadas. A você, minha "amadinha", toda honra por ser quem eu sou (também) por sua causa.

Insights:
"O que é certo é certo", mesmo que a maioria das pessoas não faça.
Não há distância para um amor de verdade.
A única coisa que você precisa... é ser feliz à sua maneira.

Legenda: **33.**; **34.** Beto Carrero - 2006; **35A.** Buenos Aires; **35B.** Casa da amizade – RN; **36.** Nosso dia - 17.08.2013; **37.** Chile - 2014; **38.** Foz do Iguaçu - 2015; **39.** Nova Zelândia; **40.** Portugal - 2023.

CAPÍTULO 10

A CORRIDA

A mente agitada se acalma,
Os problemas desaparecem ao som da batida do tênis,
As pisadas se alinham ao pulsar do coração.
Rápido, devagar, mas sem parar.
Sejam apenas 5 quilômetros, ou uma maratona,
Nunca foi sobre a distância,
Mas o quão longe você é capaz de se chegar.
(Aline D'Ávila)

O ano era 2014. Eu sempre fui adepto de exercício físico, principalmente futebol. Torcedor apaixonado do Flamengo (como todo mundo, os outros só não admitem... rs), desde pequeno estive grudado com uma bola, jogando onde quer que fosse (e claro, quebrando algumas janelas e vasos). Mas então, com 34 anos e tendo que trabalhar no dia seguinte, a disputa do futebol (onde, na verdade, nunca há amistoso) vinha atrapalhando o cotidiano, e seguidas lesões também estavam incomodando.

Foi aí que um conhecido na academia me disse: *"Por que você não pratica corrida?"*. Uma ideia que a princípio achei absurda, mas aos poucos foi sendo melhor estudada e estruturada. Até que procurei o amigo Guilherme Vinhas, técnico de corrida e triatleta. O que a princípio foi um passatempo, aos poucos foi se tornando algo importante na minha rotina (só quem pratica a corrida ou um dia praticará entenderá).

A corrida é um esporte para o corpo e para a mente. É um momento, ao mesmo tempo, de conexão e desconexão. Conexão com as pisadas, respiração e com seu corpo. Desconexão com os problemas. Momento de introspecção e de ver o mundo de uma forma diferente. De decorar todas as torneiras do caminho (elas são necessárias) e, ao mesmo tempo, de estar somente consigo (e como fazemos pouco isso, não é?). Convidei a Ilde para correr comigo, em 2 meses fizemos a nossa primeira prova de (intermináveis) 5 km. Depois vieram as provas de 10 km. E as de 21 km.

Depois a tão sonhada maratona. 42.197 m de distância (que não pareceram tão intermináveis quanto os primeiros 5 km). Dizemos que o difícil não é a prova em si (ela é a "cereja do bolo"), mas a preparação para a prova. A dedicação. A abdicação. Afinal, assim como na vida, escolher ter uma rotina de corrida é abdicar de hábitos que atrapalhem seu caminho. Treinar para uma maratona (em geral) exige pelo menos de 12 a 16 semanas de treinos. E, mais que treinar o corpo para suportar o desafio (com academia, treinos funcionais, repouso, alimentação, entre outros) é fazer sua mente entender que você correrá por mais de 3 horas interruptamente. A maratona de Mendoza foi algo especial, não só por ser a primeira, mas por eu estar junto com a Ilde (que não fez essa maratona em 2016, mas voltou em 2019 para completá-la), por ser em Mendoza (a "Meca" dos vinhos na América do Sul, outra paixão nossa), e por consolidar essa nova paixão. Foram exatas 3 horas, 39 minutos e 51 segundos de corrida. Após isso, foram mais 8 meias maratonas e outras 3 maratonas.

Foi então que tive a ideia de ir um pouco além: fazer uma ultramaratona. A ultramaratona é qualquer distância acima dos 42.197 m da maratona e eu almejava fazer a mais tradicional delas. A Comrades, a mais antiga ultramaratona do mundo, com distância de 90 km, realizada na África do Sul, em homenagem aos soldados sul africanos (os "camaradas" – que dá nome à corrida) que participaram da guerra. Todo planejamento foi feito, os treinos planejados e realizados com sucesso. Fisioterapia, massagem, musculação, repouso, alimentação. Tudo ok. Só houve um pequeno "detalhe" no caminho: a pandemia de Covid-19.

A prova seria em junho, eu estava quase chegando ao pico de quilometragem nos treinos longos (lembro de ter feito um treino de 50 km), mas em março a pandemia iniciou. No princípio, com a incerteza do que viria, mantive os treinos na garagem do prédio (cheguei a correr 20 km dando volta entre os carros na garagem). Mas com todos os eventos sendo cancelados, até os Jogos Olímpicos, vi que não seria possível realizar esse desafio em 2020. Foi realizada uma prova virtual (o que foi uma constante durante a pandemia), recebi uma medalha mas não fui até a África do Sul (aliás, ninguém foi à lugar algum em 2020). E aqui refleti que, (in)felizmente, há coisas que não estão sob nosso controle. As coisas são como elas são (por mais óbvio que isso pareça). Não podemos controlar tudo (nem conseguiríamos). E se não temos controle, solucionado está. Só nos cabe fazer o que está ao nosso alcance e parar de se preocupar, gastar energia vital ou sofrer com o que não podemos controlar. Eu sempre penso no que posso aprender com as adversidades, ou o que de bom nasce do aprendizado.

Em relação a Comrades, isso ficou bem claro para mim: "Estenda a mão para a África".

Explico: a Comrades, como já disse, é uma corrida de 90 km, que vai da cidade de Pietermaritzburg a Durban (a cada ano muda o sentido da corrida, de uma a outra cidade). Esse trajeto passa por vários povoados, no caminho está a Ethembeni School. A escola Ethembeni é um local, ajudado pelo governo (e principalmente por doações) onde são auxiliadas crianças cegas, surdas, com alguma deficiência e crianças albinas (na África, em alguns locais, há uma crença de que o albinismo é uma chaga, um castigo, muitas vezes essas crianças são sacrificadas ou abandonadas por suas famílias).

Ao estudar um pouco mais a cultura da Comrades e entender o significado maior da prova, essa escola realmente tocou meu coração. Então iniciei uma campanha para arrecadar fundos para auxiliar a escola Ethembeni. Fiz camisetas para divulgação, entrevistas nos meios de comunicação, criei perfis nas redes sociais, mandei mensagem para todos os meus contatos; é incrível como as pessoas se propuseram a auxiliar.

Aliás, é incrível como o ser humano é bom. Isso mesmo, o ser humano é bom. Apesar das notícias (das manipulações dos meios de comunicação que disponibilizam o tipo de notícia que mais vende, e também do nosso não salutar hábito de gostar de ver notícias ruins), a maioria das pessoas é boa, quer ajudar o próximo. E muitas vezes nem sabem como o fazer. Então, foi uma grata surpresa ver tantos apoiando o projeto, dando sua contribuição (que variou de R$ 2,00 a R$ 5.000,00, igualmente importante) para que eu arrecadasse mais de R$ 30 mil reais para a causa. E ver (não pessoalmente, infelizmente) a alegria da escola Ethembeni e seus queridos alunos, tão marginalizados e discriminados, radiantes com o auxílio. Isso fez meu coração ter certeza de que, independentemente de a corrida não ter sido realizada, meu desafio estava cumprido.

Em 2022 uma lesão no quadril me fez parar de correr. Já fiz natação, musculação, bicicleta, Pilates, mas nada substitui a corrida. Nesse exato momento, ao escrever, vejo com ainda mais clareza a importância da corrida na minha vida. Quem sabe, em breve, haverá mais histórias como essa para contar. Só quem corre sabe o que fazemos para poder continuar correndo. Qual é a sua loucura?

Insights:

Faça algo que te permita se conectar mais consigo mesmo (o que você tem feito?).

Há coisas que não podemos controlar. E se é assim, solucionado está.

O ser humano é bom. O ser humano é bom. O ser humano é bom.

Legenda: **41.** Maior clássico futebolístico do Sul do mundo: Boemia x Los Gringos. Fabian, Magrão, Thi, Scharf, Bude, Pupo, Gustavo e Luis. Fernandinho, Ivan, Dadinho, Pig, Nuno e Ronnie. **42.** Desde sempre chutando uma bolinha. **43.** 1a corrida. **44.** Café com corrida Power Runners - Thiago, Ana, Max e Ide; **45.** Meia maratona de Brusque; **46.** Meia maratona de Pomerode, com o treinador Guilherme Vinhas.

Legenda: **47.** Corrida Ponta do Papagaio - 30 km; **48.** Maratona de Porto Alegre; **49.** Night Run Costão do Santinho; **50.** Maratona de Mendoza; **51.** Maratona de Mendoza 2017.

CAPÍTULO 11

O TRABALHO

*Não nasce a planta perfeita,
Não nasce o fruto maduro;
E, para ter a colheita,
É preciso semear...
(Olavo Bilac)*

Já falei aqui sobre ser médico, mas cada uma das minhas atividades enquanto médico me ensinaram muito e trouxeram inúmeros *insights*, por isso dedico este capítulo a eles. Entre todos os ramos que já trabalhei, gostaria de destacar as atividades que hoje (2023) desenvolvo, que são: a minha Clínica de Medicina Estética (Clínica Dr. Thiago Garcia), a Garcia e Assunção Clínica Médica (Medicina de Tráfego) e o trabalho como clínico geral no SUS, na Prefeitura Municipal de Saúde de São Bento do Sul.

Um breve parênteses para o ano de 2008, em que trabalhei também com Medicina do Trabalho. Era uma pequena empresa, muito organizada, em que eu realizava exames periódicos nos trabalhadores. Lembro-me bem que voltava de Corupá, cidade vizinha de São Bento, onde atendia como médico da família e vinha diretamente de lá para atender nesse local. Lembro-me (até hoje sou assim) de solicitar que os horários dos pacientes fossem respeitados (detesto esperar e faço o mesmo pelos meus pacientes), em um dia disse à secretária do local que não atenderia o paciente que não chegasse no horário, em respeito aos demais pacientes (e, ao meu ver, uma questão de respeito por todos os profissionais que estavam ali atendendo). A secretária, uma moça simpática e novinha, começou a chorar e entendeu que a estava reprimindo (lição: há uma grande diferença entre o que eu digo, o que eu quero dizer, o que a pessoa ouve e o que ela entende que escutou).

No próximo dia a direção da empresa agradeceu e disse que não precisaria mais que eu atendesse ali. Não sei o que lhes foi repassado, mas se não quiseram ouvir o que eu tinha a dizer, resolvido estava. Lição aprendida: nem sempre você agradará. Pode fazer o melhor para as pessoas, pode ter a melhor intenção, pode ser o mais idôneo possível, você simplesmente não agradará a todos. E precisa conviver com isso. Até hoje, ao encontrar essa moça, ela enrubesce ao me ver (e continua simpática): não sei se por vergonha de ter falado alguma inverdade ou pelo que ocasionou (me fez um favor na verdade), mas o fato é que o tempo pode passar, mas as pessoas nunca esquecem o que fizeram aos outros (algumas só fingem melhor... rs). Vida que segue.

11.1 "MÉDICO DE POSTINHO"

O trabalho no serviço público (conforme Capítulo 4, iniciado em 2005) é uma história que merece menção. Como já sabem, uma das minhas especialidades (e paixões) é Medicina Comunitária e da Família, mais conhecido como "médico da família", que vem da criação em 1994 de um programa, chamado PSF (Programa de Saúde da Família). É um programa em que o médico (e toda a equipe de saúde) atende pessoas em todas as suas fases da vida, desde antes de nascer até a velhice. Então, o médico atende gestantes, recém-nascidos, crianças, adultos, idosos. Acho incrível esse vínculo e confiança que esse programa cria entre a equipe de saúde e os pacientes, o que ao meu ver, é parte indispensável para a saúde das pessoas: ter alguém em quem confiar e com quem contar quando precisem.

Esse programa, na sua criação, estava atrelado ao SUS (Sistema Único de Saúde), um sistema que é exemplo no mundo e só não funciona como deveria por interesses políticos e por má vontade de alguns gestores e funcionários que só pensam em si e em seus salários, em vez de pensar nos pacientes (falaremos mais disso adiante).

Desde que iniciei meus trabalhos no serviço público, foram mais de 80 mil atendimentos realizados com muito carinho e dando meu melhor (nem sempre agradando a todos, como falei antes, mas fazendo o que era possível e necessário para o bem-estar daquela pessoa que estava sentada à minha frente). Já atendi em quase todas as unidades de saúde do município de São Bento do Sul durante esses quase 20 anos de serviço público, me orgulho de ter conhecido muita gente boa nesse tempo, pacientes e funcionários, que realmente estão ali para ser instrumento de auxílio a quem realmente precisa. Conheci também pessoas que preferia não ter conhecido, mas essas também foram lição de como não ser e oro para que tenham tempo de colocar a mão na consciência e mudar sua atitude.

Infelizmente o serviço público é taxado de moroso e ineficaz por maus exemplos dados por poucos. A conivência dos gestores em relação a essas pessoas (preferem não mexer para não se incomodar) contribui muito para esse mal comportamento. Pior: muitas vezes os trabalhadores que querem fazer algo diferente para melhor são demovidos dessa ideia por perseguição ao "mexerem no sistema". Ah, se eles somente não atrapalhassem, seria um salto e tanto na qualidade de vida das pessoas (dos bons funcionários, que poderiam colocar em prática suas boas ideias e da população, que se beneficiaria disso).

Espero e torço para que essa "política pública", esse modus operandi mude, para o bem maior de quem realmente precisa. As experiências nesse tipo de atendimento são as mais variadas e inusitadas: de visita a casa da avó do traficante do bairro (com "segurança armada à porta"), festa surpresa do meu aniversário com docinhos feito pelas crianças que eu visitava, atendimento para retirada de corpo estranho nos mais variados locais do corpo (possíveis e imagináveis), caminhada com os idosos (aliás, fui pioneiro nesse quesito com meus pacientes no bairro Cruzeiro, lá por 2006, 2x na semana, fazíamos caminhada/ginástica/alongamentos. Fazíamos também confraternizações, bingos e bailes dançantes). Já me fantasiei de padre, de Papai Noel, de Coelhinho da Páscoa, de Zé Gotinha. Já fiz ioga com gestantes. Já dirigi Kombi para levar as pacientes gestantes para conhecer a maternidade antes de terem seus bebês, já atendi improvisado em barracas, tendas, sala de aula, até a céu aberto apenas com uma cadeira e mesinha.

As experiências são as mais variáveis e tão enriquecedoras e gratificantes, que me emociono de lembrar das "aventuras" que vivenciei. Uma das mais memoráveis foi de uma senhorinha que sempre vinha ao posto pelo mesmo motivo ("dor no corpo"). Após investigação, consultas e exames, definimos que não havia nenhuma causa física para seu problema. Mas toda semana, no mesmo dia, lá estava ela para (como ela dizia) "dar uma palavrinha com o Dr.". Em um desses dias, reservei a tarde para atendê-la, e me ofereci para dar uma carona para ela até em casa. Lembro da alegria em seus olhos em receber essa oferta e em poder me receber em sua casa. Após alguns minutos de carro, uma breve trilha no mato e uma subida íngreme em chão de terra batida (já estava explicada a dor nas costas!) chegamos à sua casa: uma casinha de madeira, pintura azul descascada, mas bem limpinha e decorada com vários panos de prato pintados. Um cachorrinho de 3 patas que ela havia resgatado nos recepcionou. Ficamos ali, conversando e tomando um café que ela passou com muito orgulho. Lembro até hoje quão especial foi esse momento, essa conexão, esse encontro. Me despedi e aquele sorriso sem dentes foi um dos maiores presentes que recebi até hoje. Na próxima semana, ela não foi ao posto, porque havia partido dessa existência para a existência espiritual. Agradeci, mais uma vez, por ter tido a oportunidade de viver aquela visita especial.

Aliás, o que verdadeiramente me faz estar no serviço público é a oportunidade de ajudar a quem nos tem como última (ou melhor, única) solução. Sou abençoado por ter mais oportunidades e facilidades que muitas pessoas, pois essa não é a realidade da maioria dos pacientes que procura o Sistema Público de Saúde. Fora aqueles que tem condições e mesmo assim procuram o SUS (o que é seu direito, só poderiam ter um pouco mais de empatia com o próximo), a grandessíssima maioria não tem outro meio para auxílio. E não há maior prêmio que poder ser o elo que o ajuda nos momentos de maior vulnerabilidade, acredito que não há maior momento de vulnerabilidade do que quando sua vida corre risco ou precisa ser melhorada.

Não é por dinheiro que estou ali (ganharia o mesmo estando uma hora a mais por semana no meu consultório), nem por esperar reconhecimento dos gestores (que cada vez mais estão preocupados em permanecer no poder, garantir seus salários ou posar bem para fotos). Tampouco pelas condições de trabalho que se apresentam (materiais de trabalho e locais de trabalho muitas vezes insalubres, colegas de trabalho/gestores – a minoria, graças a Deus! – prontos para "puxar seu tapete" na primeira oportunidade, funcionários que se acostumaram a fazer nada durante toda sua carreira e que engessam a evolução do serviço público – mais uma vez: a minoria, graças a Deus! –, processos na justiça por motivos políticos, difamações injustificadas nas redes sociais). O que (ainda) me motiva é uma única coisa: ajudar quem precisa de mim. A pandemia veio para me mostrar isso.

Era uma época, confesso, que estava desanimado com essa faceta da minha profissão, em virtude de uma questão administrativa que tinha por base uma motivação política, que acabou por atingir e macular toda uma classe de trabalhadores. Foi algo que, tenho a consciência, mudou para sempre a relação entre profissionais médicos a e gestão pública da minha cidade. Não estou aqui julgando retidão de caráter nenhum, ou o mérito da questão, mas a forma como ocorreu foi algo tão maquiavélico que não merece mais ênfase que esta linha do meu livro. O fato é que, na época do início da pandemia, não me sentia estimulado a trabalhar ali. Mas há situações em que precisamos ampliar a perspectiva e entender que há motivos maiores para algumas coisas serem como são (lembremos do *insight* do capítulo anterior: há coisas pelas quais não temos controle). A pandemia de Covid-19 foi uma dessas.

11.2 A PANDEMIA

Lembro-me muito bem. Dia 18 de março de 2020, às 14h. Foi dada a notícia de que todos deveriam ficar em casa. Quarentena. O sentimento de insegurança e não saber ao certo o que fazer tomou conta de todo o mundo (literalmente). Ao mesmo tempo, solicitavam profissionais para auxiliar no atendimento aos pacientes de Covid-19. No mesmo momento que ajuda era solicitada, não havia muitas condutas preconizadas, não se sabia ao certo o que fazer com o paciente. Havia somente o que a mídia nos mostrava (ou melhor, o que queria mostrar).

Lembro-me de conversar com uma moça, amiga de um amigo, para tentar entender o que viria a seguir por aqui. Ela morava na Itália, onde a Covid já estava causando inúmeras mortes e o colapso do sistema de saúde. Mas, afinal, como agir? Que roupas usar? Quais são os cuidados necessários? Qual o fluxo adequado para orientar as pessoas? Se a preocupação da maioria das pessoas era preservar sua saúde, a minha enquanto profissional era descobrir e aprender o que fazer para salvar vidas.

Três dias depois, eu era o médico do primeiro plantão destinado ao atendimento de Covid-19 na minha cidade. Decidi junto com a Ilde que, pelo fato de não termos filhos e pela vocação que escolhemos, iríamos ajudar nos atendimentos, se necessário. E assim o fiz. Desde o primeiro plantão, até mais de 2 anos depois, quando foi encerrado o Centro de Atendimento, dediquei minha energia a atender milhares de pacientes. Sem finais de semana (fiz plantões todos os domingos também). Sem feriado. Sem férias. Fechei minha clínica por um tempo, para poder contribuir um pouco mais nos atendimentos. Aumentei minha carga horária no serviço público para estar mais à disposição. E, apesar de todo momento difícil e sofrimento que a pandemia trouxe a inúmeras famílias, foi um momento em que agradeci por, com meu conhecimento e carinho, poder diminuir um pouco a angústia de quem passou pela doença. Foi como que uma reconexão com o que de fato significa ser médico: estar presente e ser auxílio para diminuir o sofrimento de outro ser humano. Fica aqui o agradecimento a toda equipe de saúde que, abnegada e altruísta, fez o possível para atendermos da maneira como era possível todos os pacientes. Agradeço também a cada paciente que depositou sua confiança e esperança nos atendimentos realizados.

Fica aqui meu respeito e orações a alguns poucos em que, apesar de todo esforço, não foi possível salvar. A pandemia trouxe inúmeros ensinamentos e, na minha opinião, o mais importante foi entender quem de fato se importa com o próximo. Quem realmente está disposto a ajudar mesmo que isso implique em abdicar de coisas que são importantes para si, pelo simples fato de poder fazer a diferença na vida do outro.

11.3 A CLÍNICA

Precisamos voltar um pouco no tempo. O ano era 2012. Eu estava cansado de fazer plantões (aliás, nunca fui fã de fazer plantões – não sei se alguém é – porque não conseguia relaxar nem antes, – ficava tenso porque teria plantão – durante, – nunca consegui descansar sabendo que alguém poderia chegar a qualquer momento morrendo e dependendo de mim – ou depois deles – estava cansado demais para isso –). Por isso decidi que buscaria alguma outra área de atuação que não necessitasse passar noites em claro. Se possível, que não necessitasse de ambiente hospitalar (que acho muito pesado). Foi aí que surgiu a oportunidade de uma pós-graduação em Medicina Estética. Na época, ainda não tão difundida como hoje, era algo que realmente me daria a oportunidade de atender com qualidade meus pacientes, melhorar sua qualidade de vida, sem que eu necessitasse ficar sem dormir.

Fiz a pós-graduação de 2 anos em Curitiba, após isso decidi abrir a clínica. A clínica, dedicada aos tratamentos médicos estéticos e qualidade de vida, é a única que conheço até hoje específica em atendimento médico em tratamentos estéticos. Já vi clínicas de esteticistas, dermatologistas, biomédicos, cirurgia plástica. Mas médico esteta desconheço. Até por isso, houve um grande trabalho para explicar o que de fato era realizado ali. O começo foi muito desafiador: houve descontentamento de colegas, que insatisfeitos com essa nova opção denunciaram a clínica ao Conselho de Classe, pelo único motivo dela existir, para que eu não pudesse atuar. Não deu certo. Tentei também credenciamento junto à cooperativa médica para poder atender como médico da família (uma das minhas especialidades), mas uma diretora da época mentiu que eu havia desistido do credenciamento na reunião da diretoria, com isso foi negado meu credenciamento. Mal sabe ela o favor que me fez ao me livrar de mais essa politicagem de bastidores (fica aqui meu muito obrigado por isso, "colega"). Apesar de alguns entraves, a clínica está há 11 anos no mercado, ajudando as pessoas a se sentirem melhores consigo mesmas. Essa é a ideia que sempre tive com a clínica: auxiliar as pessoas a sentirem-se bem. Com bom senso, respeitando sua idade e suas particularidades, é importante que nos sintamos bem. Sem milagres, sem tratamentos sem comprovação científica, a clínica me permitiu atender milhares de pessoas e fazê-las melhorar sua autoestima.

Entendi que o sentir-se bem vai muito além da aparência e que como médico posso auxiliar meus pacientes a serem mais felizes. Aprendi, também, a parte administrativa de um empreendedor, algo que trago para a vida, que me trouxe outras diversas oportunidades de crescimento pessoal e profissional. A Clínica Dr. Thiago Garcia sempre estará no meu coração porque foi um divisor de águas na minha vida profissional e me ensinou a ser alguém mais empático e carinhoso.

11.4 GARCIA E ASSUNÇÃO CLÍNICA MÉDICA

2015. Com a clínica em pleno crescimento e a ideia de continuar empreendendo, descobri uma área pouco conhecida. A Medicina de Tráfego. É uma especialidade médica destinada a atender os pacientes que de alguma forma se locomovem. Vai viajar e precisa entender sobre o seu destino, vacinas e doenças? Pedestre, ciclista, motorista de automóvel ou motorista profissional? Viagem de navio, avião, trem? Aeroespacial? O médico de tráfego pode lhe ajudar.

Existem inúmeras aplicações da Medicina de Tráfego, a que é a mais conhecida é a avaliação médica para quem deseja fazer ou renovar sua Carteira Nacional de Habilitação. O médico que realiza seu exame deve (ou pelo menos deveria ser) um especialista em Medicina de Tráfego. É esse profissional que tem o conhecimento para saber o que avaliar para que você possa dirigir com segurança e também proteger os outros de possíveis motoristas que possam causar acidentes (você sabia que acidentes de trânsito estão entre as maiores causas de morte da população e que mais de 10% dos acidentes são causados por problema de saúde nos motoristas?). Isso pode ser diminuído com uma boa avaliação médica.

Agora que você já entendeu do que se trata, achei que era uma boa oportunidade e uma área em que poderia fazer a diferença. Entrei em contato com um colega que trabalhava na área, que me disse que "demoraria muito para eu fazer uma especialização", que seria difícil eu conseguir entrar no "negócio" e que não haveria vagas para eu poder atender após me especializar.

Como bom (e teimoso) escorpiano, pesquisei mais a fundo sobre o assunto e encontrei uma especialização na USP (Universidade de São Paulo), umas das mais renomadas universidades do país. A especialização é conduzida pelos maiores especialistas no assunto do Brasil. Para entrar na especialização, havia uma entrevista e uma análise do currículo, me lembro de ter cerca de 500 candidatos para menos de 100 vagas. No dia da minha entrevista, meu avião que iria de Curitiba para São Paulo atrasou, a entrevista que estava marcada para 14 horas foi realizada 20h30, horário em que cheguei do aeroporto diretamente na universidade. Muito feliz com a aprovação, fique surpreso ao ver que havia mais um nome de São Bento do Sul na lista de aprovados: Dr. Carlos Assunção, colega de especialização, que se tornou um amigo e sócio na Garcia e Assunção.

Após 2 anos de viagens quinzenais a São Paulo, prova de título de especialista e a burocracia característica do nosso país, consegui o título de especialista em Medicina de Tráfego, o que me dá o direito de atuar na área que expliquei a você no parágrafo anterior.

Em abril de 2017 abrimos (eu e Dr. Carlos) o CAC Dom Pedro (CAC significa Centro de Avaliação de Condutores, Dom Pedro veio porque era o nome da rua do nosso primeiro endereço). Assim como na clínica, o começo foi de resiliência. Fomos processados por colegas que não acharam certo ter mais médicos atuando na mesma área de atuação que eles. Lidamos com situações de supostos diplomas falsos de colegas de profissão, calúnias e ameaças. Em um meio em que há diversos atores, em que há o sistema público envolvido e, como já dito anteriormente, há uma cultura já enraizada com um *modus operandi*, é sempre desafiador você entrar como nova opção. Em nosso primeiro ano, tivemos um prejuízo de mais de 100 mil reais. Em uma das conversas memoráveis, daquelas em que se fortalece sua crença positiva, eu e Dr. Carlos acordamos que "sempre faríamos o correto, que não nos deixaríamos influenciar pelo sistema e que, independentemente do que acontecesse, deitaríamos a cabeça no travesseiro todas as noites tranquilos por fazer o que acreditávamos. E se fosse para fecharmos o CAC, daríamos um aperto de mão, desejo de boa sorte e seguiríamos em frente, confiantes de termos feito tudo o que estava ao nosso alcance e que fosse correto".

Algum tempo depois, mudamos de local alteramos o nome para Garcia e Assunção Clínica Médica, que atua até hoje.

Perfeitos? Jamais (nem temos essa pretensão). Mar de rosas? Muito menos. O mundo não é um mar de rosas. É preciso que você mostre suas garras vez ou outra. Mas continuamos na boa batalha, auxiliando quem nos procura (e quem reconhece o bom e honesto trabalho que fazemos), com a consciência tranquila de fazermos todos os dias o nosso melhor e com idoneidade.

Por quanto tempo? Como diz o poeta Vinicius de Moraes: "que seja eterno enquanto dure".

Insights (vários!):

Você não agradará a todos. Nunca (e não deve viver tentando).

Existem pessoas que lhe darão exemplos lindos. Existem as que lhe mostrarão como você nunca deveria ser. Aprenda com ambas.

Você pode ser a única esperança de alguém; não perca a oportunidade de fazer a diferença.

Uma das coisas mais importantes da vida é entender quem de fato se importa com você. E com os outros também (além de si próprio).

Fazer algo na vida (qualquer coisa) sempre vai incomodar alguém: lâmpada apagada não atrai mosquitos.

Existem pessoas que sempre tentarão lhe derrubar; use suas armas do bem para ensiná-las (ou fazê-las envergonharem-se de não tê-las).

Não há nada mais precioso que uma consciência tranquila.

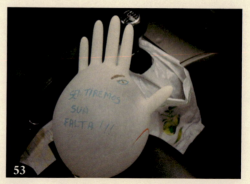

Legenda: **52.** Palestra no "Postinho" sobre cuidados com o recém nascido - 2010; **53.** Despedida do Posto da URCA 2011; **54.** Padre na festa Junina do Posto - 2011; **55.** Clínica Dr Thiago Garcia; **56.** Garcia e Assunção Clínica Médica - Palestra alusiva ao trânsito, com meu sócio e amigo Dr Carlos Assunção.

CAPÍTULO 12

AMIGOS

> *de-longe vêm-nos*
> *espaços, abraços*
> *abertos, entreatos*
> *cobertos, retos*
> *e alvos e belos*
> *e livres, contêm*
> *de-imediato*
> *des-pedaçados*
> *algo de-aquém*
> *infantil, sutil*
> *mais-que-além*
> *que-lhos mantém*
> *acesos, atentos*
> *íntimos, ultra*
> *inter-ligados.*
> *(S. Rodrigo, 2020)*

Existe uma teoria, criada por Martin Seligman, psicólogo americano idealizador da Psicologia Positiva, que se chama P.E.R.M.A. Cada uma das letras significa um pilar imprescindível para que a gente seja feliz. Entre elas, o "R" (*relationship* – relacionamento, em inglês) fala dos nossos relacionamentos. A meu ver, esse é o ponto mais importante para a gente ser feliz: ter bons relacionamentos, boas amizades. Amigo é aquela pessoa que você escolheu para fazer parte de sua jornada. Não é sobre tempo, mas sim sobre intensidade. Sobre a marca que as pessoas deixam em suas vidas.

Eu seria injusto em esquecer alguém, mas minha vida me proporcionou inúmeras turmas de amigos, das quais eu serei eternamente grato. Turmas da escola, futebol, turma da corrida, amigos do intercâmbio, futmesa, turma da faculdade ("A Gangue"), alunos do Krav Maga, Pingue's Club, Boemia, Torcedores do Flamengo, Imersão Metamorfose, Elos de Amor e Paz, Entre Amigos, ASBSTH, Piko Piko, Casa da Amizade, Família... há uma infinidade de afinidades que de alguma forma nos ligam às pessoas, que é impossível alguém se definir sem entender a importância da influência dos seus amigos na sua vida.

Vivemos em um tempo no qual tudo nos convida a ficarmos sós. *Smartphones* que dão a sensação de interação social (embora muitas vezes nem cumprimentamos, ou pior, nem conhecemos nossos "amigos das redes sociais"), os livros são de "auto"ajuda, os restaurantes de *"self"-service*, até o mercado imobiliário se especializa em imóveis para pessoas que optaram por viver sozinhas. Viver sozinho não é um problema em nossa sociedade, mas sinal de que alcançamos independência, autoestima e suficiência.

Embora devamos sim procurar estarmos bem conosco e apreciar essa condição, o outro lado da questão nos faz pensar quão difícil tem sido construir relações ricas e duradouras, não só do ponto de vista romântico, mas também social. Além disso, estudos identificam que permanecer isolado socialmente acarreta prejuízos para a nossa saúde, pois essa situação tem sido relacionada ao aumento dos casos de depressão, diminuição do sono, doença de Alzheimer e até aumento da própria mortalidade.

Um estudo da Universidade de Columbia, nos Estados Unidos, que durou mais de 10 anos, mostrou que pessoas ativas socialmente, que vivem felizes e entusiasmadas, tem um risco 22% menor de desenvolver doenças cardíacas e de ter um infarto. O psicólogo John Gottman, da Universidade de Washington, afirma que ser amigo é uma espécie de "cola", que une marido e mulher, e diminui em até 70% a chance de divórcio. Um estudo Australiano revela que a amizade é fundamental para o bem-estar mental e psíquico, revelando que pessoas com uma rede de amigos vive 22% mais tempo do que aqueles que se isolam.

Segundo Louise Hawkley, pesquisadora da Universidade de Chicago:

> [...] ter muitas amizades não é necessariamente mais benéfico do que possuir apenas um bom amigo. Um bom casamento, ter um ou mais amigos ou pertencer a um grupo significativo contribuem para a sensação de estar socialmente conectado. Esses são os tipos de relações que estão associados à boa saúde.

E existe agora um estudo que questiona "O que nos mantém saudáveis e felizes enquanto passamos pela vida"[2]. É o maior estudo da história, o Estudo de Desenvolvimento adulto, de Harvard, que ainda está em curso. Nesse estudo, durante 75 anos, foi acompanhada a vida de 724 homens, ano após ano, perguntando sobre suas vidas. São homens diferentes, de classes sociais diferentes, que não sabiam como seriam suas vidas. Desses que iniciaram o estudo há 75 anos, cerca de 60 ainda estão vivos, na casa dos 90 anos. Agora estão sendo estudados mais de 2.000 filhos desses homens. E a mensagem mais clara que foi tirada desse estudo de 75 anos foi: "bons relacionamentos nos mantêm mais felizes e saudáveis". Ponto. 3 lições principais foram tiradas desse estudo:

1. Conexões sociais são importantes para nossa saúde e felicidade. A solidão é tóxica. O fato é que a cada 5 homens estudados, em qualquer período do estudo, 1 se sentia sozinho. 20%! Você sabe que você pode se sentir sozinho no meio da multidão, em um casamento, por exemplo. E daí vem a 2.ª lição:

2. É a qualidade dos seus relacionamentos mais próximos que importa. As pessoas que estavam mais satisfeitas com seus relacionamentos ao redor dos 50 anos, foram as que eram mais saudáveis (e estavam vivas) aos 80 anos.

3. Bons relacionamentos não protegem só nosso corpo, mas também nosso cérebro. Pessoas que podem contar com outras em caso de necessidade, têm suas memórias preservadas por mais tempo.

---

[2] Teve início em 1938, há vários autores participantes. The Harvard Study of Adult Development — Lifespan Research Foundation.

Então, todos esses estudos, em especial o último, traz bases científicas concretas que a amizade, nas mais diversas esferas sociais, é preditiva de saúde, bem-estar e felicidade.

Há um grupo de amigos, que existe há mais de 30 anos, que reúne uma turma de infância da minha cidade Natal, São Bento do Sul. O "Pingue's Club" surgiu em um acampamento, onde adolescentes passaram um final de semana regado a "pinga e foguete" (fogos de artifício) – e ficamos sem comida, literalmente; após esse fato, "adotamos" 2 pintinhos, o "Pingue" e o "Leiro" (o que deu o nome inicial à turma, Pingueleiro's). Nossos mascotes não duraram muito tempo, visto que foram jantados pelo Rufus, São Bernardo do nosso amigo Mauro, um dos integrantes.

O que começou com afinidade adolescente, festas e até uma obra chamada "The Doors of Imagination", perdura até hoje com encontros (infelizmente, cada vez mais raros). Hoje o Pingue's tem integrantes em São Bento do Sul, Jaraguá do Sul, Joinville, Chapecó, Florianópolis, Brasília e também na Espanha, Singapura e Austrália. Tem, também, um integrante no céu, que nos deixa saudades há 22 anos. Mas todos os encontros, indiferente da época, são sempre regados a boas lembranças e risadas de doer a barriga. O ponto é esse: as afinidades mudam, as companhias e interesses também, mas o verdadeiro amigo estará lá se você precisar, te entenderá e acolherá pelo que você é em essência: um ser humano cheio de defeitos, mas que de alguma forma aflora o carinho e o bom sentimento em alguém.

O Pingue's exemplifica aqui alguns outros grupos, que são igualmente importantes e pelos quais eu agradeço todos os dias por ter tido a oportunidade de compartilhar esta jornada. Alguns pelas ideias, outros pelos posicionamentos, outros ainda pela forma de encarar a vida... mas todos, em algum ponto, pela essência.

- Quantos amigos você tem de verdade? Não importa a quantidade, mas sim o fato de você reconhece-los e valorizar esses seres tão especiais na sua vida.

- Quando foi a última vez que você disse "eu te amo" para um grande amigo seu?

- Quando foi a última vez que você deu parabéns pessoalmente a um amigo seu? (ou ligou? Não vale mensagem por WhatsApp).

Mais que reconhecer, é importante você demonstrar o quão importante seus amigos são para você. Diga a eles. Demonstre, por meio de atitudes, quão especial é sua vida por ter amigos de verdade.

Insights:

Ter bons relacionamentos é um dos pilares da felicidade.

Não é sobre quantidade, mas sim sobre qualidade e intensidade.

Você já agradeceu hoje por ter amigos de verdade?

Você já agradeceu hoje aos seus amigos por eles existirem?

VIDA – APRENDA COM ELA:
FATOS E VIVÊNCIAS QUE SÃO IMPORTANTES DEMAIS PARA NÃO SEREM OUVIDOS

Legenda: **57**. Amigos da euro Trip 2023; **58**. Boemia; **59**. Entre amigos; **60**. Fla SB; **61**. A Gangue; **62**. Pingue´s Club.

Legenda: **63.** Piko Piko; **64.** Casa da Amizade; **65.** Família reunida no casamento da Ju e Alder; **66.** Pagode do Pingue´s; **67.** Pingue´s Club - Schlachtfest; **68.** Pingue´s Club.

CAPÍTULO 13

SÃO BENTO DO SUL

> *Aconchego.*
> *Uma casa arborizada*
> *Um olhar e um balanço*
> *O cheirinho da namorada*
> *Um abraço e um avanço*
> *Uma rede bem armada*
> *Um sorriso e um descanso.*
> *(Guibson Medeiros)*

Uma pequena cidade no interior de Santa Catarina, São Bento é uma cidade de colonização germânica, o que define muito de suas rotinas: as tradições cultivadas, os apreços pelos grupos sociais, pela festa e pela música. Uma cidade de gente trabalhadora, de comportamentos provincianos enraizados muitas vezes, mas de muita gente boa. Minha cidade natal me trouxe muitas das melhores experiências da vida: minha infância com liberdade, meus amigos da vida, foi onde conheci a Ilde (minha esposa), onde me estabeleci profissionalmente e obtive meu sustento até hoje.

Um local com ótima qualidade de vida, segurança, que nos últimos tempos tem ficado (ao meu ver) um pouco a desejar na sua evolução (mas não é o mérito deste capítulo falar das suas mazelas ou das consequências da falta de administração). O que quero falar da parte anímica, imaterial: São Bento para mim é lembrança de bons momentos: de festas, de futebol, de amigos e amores, de lembranças e risadas, de saudades e emoções. De devaneios juvenis, festas na pracinha, baladas no Bier, Código Z, Malagueta e El Sino, Schlachtfest, muita diversão e sonhos realizados.

De futuro? Talvez não. Mas não por causa da cidade, mas sim deste humilde escritor que acredita precisar ampliar os horizontes e viver novas experiências que não são possíveis em São Bento, neste momento. Mas nunca esquecendo de onde vim, honrando tudo que vivi até aqui (foram 35 anos, dos 43 de vida, nesta cidade), agradecendo por todas as experiências, levando no coração e na consciência cada um com quem pude aprender algo.

A São Bento do Sul: te honro e agradeço pela boa vida vivida, na torcida para que evolua sempre. Você nunca sairá de mim, e tenho muito orgulho isso. Até mais ver.

Insights:

O local em que você vive te influencia. Mas não te define.

A jornada (e vida) é boa enquanto durar.

Não há problema em mudar. Sempre que achar necessário. Sempre.

Legenda: **69.** Por do sol - São Bento do Sul; **70.** Igreja Luterana; **71.** Praça Jardim dos Imigrantes.

CAPÍTULO 14

NOVOS CAMINHOS

> *O que não provoca minha morte faz com que eu fique mais forte.*
> *(Friedrich Nietzsche)*

14.1 O *COACHING*

Em 2016 entrei em contato com o *coaching*. Fomos em 4 pessoas (um médico, um engenheiro, um administrador e uma massoterapeuta) para um curso de algo que então era novidade. Sentia que algo ali poderia me ajudar. E não me enganei.

Em um mundo em que muitos procuram a forma mais "fácil" de ter sucesso e felicidade (sem se dar conta de que esse conceito é particular para cada um), uma onda de gurus de conhecimento vende fórmulas mágicas para isso. Mas não é disso que estou falando. Falo do *coaching* como um processo, ferramentas e mentalidade para que você possa, dentro da sua realidade, melhorar sua performance nas mais diversas áreas da sua vida.

Esse primeiro curso me mostrou muitos erros que vinha cometendo (de prioridades, de organização – financeira, inclusive), de caminhos que tomamos e nem sequer nos damos conta. E, também, de novas perspectivas e potencialidades que podemos praticar durante nossa caminhada.

Toda essa experiência me trouxe um senso de organização e foco diferentes, mais apurados, que melhoraram diversos aspectos do meu dia a dia e, também, culminaram com dois projetos lindos, que me marcaram muito: a "Imersão Metamorfose" e "A felicidade só depende de você".

14.2 IMERSÃO METAMORFOSE

A Imersão Metamorfose surgiu após eu ter passado por uma experiência fantástica chamada "Panã Panã", realizado pela Base Colaborativa, uma instituição maravilhosa de São Paulo, cujo finalidade é auxiliar, nas mais diversas frentes, a sociedade a tornar-se algo melhor e mais humano. Com inúmeras ideias em mente, entrei em contato com minha grande amiga Lu (Luciana Koetzler), que de pronto topou esse desafio: criar uma imersão, uma experiência em que as pessoas pudessem refletir, se conectar consigo mesmas, com o outro e com a natureza, que pudessem repensar sua forma de viver e agir dali em diante.

Foram meses de reuniões, buscas, estudos, produção das experiências, contatos com facilitadores que poderiam contribuir (Jana, Mi, Hélica, que estiveram em todas as edições e vários outros que tem minha eterna gratidão) até que em novembro de 2018, veio a "1ª Imersão Metamorfose". A Imersão (depoimento dos próprios participantes) é algo incomparável, porque não é um curso, nem uma palestra, é uma vivência intensa de um final de semana em meio a natureza, em um lugar ímpar que é o Jardim dos Plátanos. Foram 20 pessoas (as nossas "borboletas") que se permitiram viver essa experiência (o evento tem capacidade limitada de participantes, para que possam aproveitar ao máximo tudo o que preparamos). Música, meditação, falar com o coração, ser anjo na vida do outro, junção de alma coração, plantar o futuro, ioga, *mindfulness* e entender seus sabotadores são algumas das vivências desse final de semana. E o "senso de comunidade" que isso traz é algo maravilhoso de ver. Desde então, mais de 100 pessoas puderam compartilhar da Metamorfose e levar a ideia ao seu próprio círculo social.

É muito especial ver o quanto você cresce (e recebe) auxiliando o próximo. Aliás, como seres sociáveis que somos, dependentes uns dos outros, é imprescindível entender que só serei feliz se ajudar o outro a ser feliz também. A Imersão Metamorfose materializou, de forma intensa, essa afirmação. *"A dor do outro é minha dor. E a felicidade do outro, é minha felicidade também". Melhor ainda: "não há outro. Somos todos um".*

"A ideia não é ensinar... é aprendermos uns com os outros. Assim como na vida, é preciso que a gente se permita. A gente vive tanto no automático, que sem perceber acabamos vivendo a vida que os outros gostariam que vivêssemos e não a que a gente gostaria. A gente fica remoendo o que aconteceu no passado, ou fica tão preocupado com o que vai acontecer no futuro, que a gente não vive o agora. A gente sofre, porque a gente não se conecta com o que acontece na vida da gente. E essa é uma das maiores frustrações da vida das pessoas: não se conectar com o que acredita ser sua essência. Às vezes nem sabemos o que é a essência, mas a gente sente que não está completo. Então, é preciso estar presente, ser honesto consigo mesmo, ser vulnerável (o que é uma força!), e deixar o seu coração falar".

(Parte da dinâmica "Fala coração" – Imersão Metamorfose)

14.3 A FELICIDADE SÓ DEPENDE DE VOCÊ

Sempre buscando, de alguma forma, trazer essa mensagem de positividade, crescimento e felicidade, recebi o convite da 89 FM, rádio da minha cidade, para um programa de entrevistas, de perguntas e respostas, para tratar dos mais variados assuntos relacionados a felicidade. Daí surgiu o "A Felicidade só depende de você", um programa que ficou no ar por 6 anos, com quase 100 episódios, em que pudemos conversar sobre temas como respeito, equilíbrio, perdão, amizade, fazer sua parte, pilares para mudança, legado, florescimento, conexão, amor, entre muitas outras reflexões importantes para nossa vida. Fiquei muito feliz de ver o alcance da palavra. Mais ainda, de compreender na prática que sua atitude vale mais do que mil palavras.

Pacientes no consultório, amigos, pessoas aleatórias na rua vinham me falar que as palavras serviram para que elas refletissem e abrissem os olhos para algo que não haviam percebido. Fico muito feliz (e parabenizo a rádio 89 FM) que um meio de comunicação tenha aberto as portas para que as pessoas pudessem ouvir algo edificante, além das trágicas e pessimistas notícias que somos acostumados a receber. Cada vez que fazia uma entrevista, me preparava para ela, era um aprendizado também para mim. Crescendo juntos, evoluindo juntos. Sendo felizes juntos. Essa é a ideia. *"Só seremos felizes se tivermos um pouco dessas virtudes: fraternidade, compaixão, desprendimento, verdade, perdão, fé e humildade*

Não precisamos ser modelos de virtudes, pois ainda estamos muito longe da perfeição. Mas com boa vontade e com desejo de evoluir em nossos sentimentos, todos seremos felizes.

Todo mundo quer ser feliz, pois é um desejo natural do ser humano. Mas mesmo desejando, porque muitos não conseguem? Ouvimos as pessoas dizendo que dariam de tudo para serem felizes, que pagariam caro pela felicidade. Qual preço você pagaria pela felicidade?

Pois acreditem, a felicidade não tem preço, ela não custa nada, é de graça. A felicidade não é o destino, mas sim o trajeto. É preciso entender que há momentos de prazer e momentos de aprendizado (a dor e os desafios nos ensinam o real sentido da vida). É preciso aproveitar a calmaria, mas aprender com a tempestade. Sorrir com as vitórias e aceitar as derrotas sem revoltas. Não perder a oportunidade em momento algum, pois aprender é tão bom quanto sentir prazer.

Finalmente, a felicidade não é o que as pessoas têm, mas sim o que elas são. Não é o que carregamos durante a viagem da vida, mas sim como nos sentimos durante a viagem.

Agora, cabe a você, amigo(a) ouvinte, refletir e buscar aquilo que quer pra sua vida. A subida em cada andar depende do seu querer. Não esqueça: "A felicidade só depende de você".

(Entrevista "A fórmula da felicidade" – do programa "A felicidade só depende de você").

Insights:

Sempre é tempo de aprender e evoluir.

A felicidade do outro também é minha felicidade.

Ajudar o próximo e evoluir (não importa de qual forma), é o objetivo.

"A felicidade só depende de você".

Legenda: **72.** Positive Coaching - SP 2016 - Hélder e Eu; **73.** Jardim dos Plátanos, local da Imersão Metamorfose; **74.** Imersão Metamorfose; **75.** Rádio 89 FM - A felicidade só depende de você; **76.** Com os amigos queridos, radialistas Ney Maia e Linda Tomelin.

CAPÍTULO 15

AMIGOS QUE SE FORAM

Não há tempo, tão curta é a vida, para discussões banais, desculpas, amarguras, tirar satisfações. Só há tempo para amar, e mesmo para isso, é só um instante.
(Mark Twain)

Há muita presença na ausência. Pode parecer um paradoxo, mas é a mais pura verdade. A ausência de pessoas que nos são queridas é tão marcante que de fato se materializa.

Aliás, acredito que a presença das pessoas não tem a ver com a presença física, mas com o significado que elas têm na vida da gente. Você pode estar presente e ainda assim não estar conectado. Pode estar distante fisicamente e ainda assim ser presente na vida de alguém.

Abril de 2001. Estava em aula na faculdade, quando meu amigo Mauro veio me trazer a notícia de que nosso amigo Bozzano havia sofrido um acidente. Sem saber ao certo o que havia ocorrido, viemos às pressas de Curitiba a São Bento para poder prestar qualquer auxílio. Só sabíamos que era algo grave. E de fato era: havia batido seu carro de frente com um caminhão.

Nesse momento, deixei de lado meu conhecimento médico (que não era muito, mas me permitia entender a gravidade do quadro) e me concentrei no lado amigo. Foram algumas noites de vigília (lembro de um dia em que fiquei com o Mauro jogando cartas à noite, à espera de algum novo boletim médico), visitas a UTI, orações e muita angústia.

Bozzano era um cara que tinha um carisma especial. Ele era teimoso e, ainda assim, querido. Ranzinza e simpático. Zombeteiro e respeitador. Era um cara muito especial, cuja simplicidade genuína foi muito marcante.

Esperamos sua melhora, o que não aconteceu (neste plano). O seu enterro foi um dos momentos que mais me marcaram na vida. Colocar a camiseta do Pingue's Club no seu caixão me ensinou muito sobre a brevidade da vida e sobre aproveitar cada momento como se fosse o último.

Meu amigo, sua presença me ensinou muito. E sua ausência também. Onde quer que esteja, saiba que não é esquecido.

Insights:
Ser presente nada tem a ver com estar presente.

Existe muita presença na ausência.

Pare de lastimar o passado (que já passou) ou de se preocupar em excesso com o futuro (que você nem sabe se virá), aproveite o presente, que é onde a vida acontece.

Legenda: **77.** Baggis, eu e o saudoso Bozzano (in memoriam); **78.** Churrasco do Pingue´s, Copa do mundo de 1998; **79.** Divicountry; **80.** Festa do Terceirão: Oze, Bozzano, Thiago, Baggis e Mauro.; **81.** Integral do Dína: Thiago, Rodrigo, Bozzano e Evandro.; **82.** Marcelo, Bozzano, Thiago e Giuseppe; **83.** Pingue´s Camp: Mauro, Thiago, Daniel e Bozzano.

CAPÍTULO 16

VIAJAR E UMA VIDA M.Á.G.I.C.A

> *viajar (v.)*
> *é viver o suficiente para se achar. é podar as próprias raízes. é*
> *brincar de ter asas. é máquina de fazer memórias. é desenhar*
> *um mapa com vivências. é atestar a imensidão do mundo.*
> *é pegar carona no vento. é perceber que nossa casa é*
> *passageira, cidades são estações, e nós somos o trem.*
> *é a gente conhecendo o mundo (ou o mundo conhecendo*
> *a gente?).*
> *(João Doederlein)*

Poucas coisas me dão mais prazer que viajar. Conhecer novas culturas, falar outras línguas, dar risada de situações inusitadas. Pores do sol de perder a conta. Respirar novos ares. Se inspirar com novos locais (des)conhecidos. Viver sem as máscaras do dia a dia.

O mundo é um lugar tão maravilhoso e tão vasto que não vejo outra forma de nos conectarmos mais conosco do que viajando (e se conhecendo na jornada). Uma vida mágica passa por viajar e expandir nossa mente e coração.

Fazendo um paralelo entre viajar e a vida, falando de uma vida mágica, existem alguns pontos que precisamos nos atentar para alcançá-la. A vida mágica é aquela vida que te faz feliz, então associe aqui a palavra "mágica" à "felicidade".

Você escuta muito falar "a vida é dura", "cuidado com as pessoas", "se for muito fácil, desconfie". "É preciso sofrer muito para ser feliz no final". Nós já somos socialmente "educados" para sermos desconfiados. Existe gente ruim? Sim. Existem situações difíceis na vida? Certamente. Mas não ensinam para a gente (muitas vezes) o principal, que é estar bem com a gente mesmo. Se o nosso interior estiver bem, se estivermos bem com nós mesmos, estaremos mais preparados para enfrentar qualquer desafio

Como funciona a mágica em nossas vidas? Faço aqui um acróstico, em que cada letra da palavra "MÁGICA" significa algo importante de ser adquirido.

O "M" significa "metas": saber qual o seu sonho não é o suficiente. Muitas vezes, achamos que nosso sonho está muito longe, com isso não planejamos para que ele aconteça. Mas aqui está uma certeza: seu sonho não acontecerá se você não fizer o que é preciso.

Uma vez que você sabe onde quer chegar, é preciso que coloque metas para alcançar seu sonho. Metas diárias. Semanais. Mensais. Anuais. São essas metas que vão manter você na linha, para não desistir do seu sonho. Um sonho sem planejamento, na maioria das vezes, será só sonhado e não vivido.

O "A" significa "atitude": fazer o que precisa ser feito. Ou seja, correr atrás do seu sonho todos os dias. Usar o que você tem de melhor para que isso aconteça.

Use suas qualidades, suas forças. E quais são elas? Persistência, organização, simpatia, persuasão, dedicação, disciplina? Faça uma lista das suas principais forças. Então, use suas forças/qualidades ao seu favor, e faça! Se fosse fácil, qualquer um faria, não é mesmo?

O "G" significa garra. Garra, aqui na vida mágica, tem a ver com resiliência e paciência.

Resiliência é a capacidade de enfrentarmos situações difíceis. Dificuldades e obstáculos vão aparecer no seu caminho e você não tem nada a fazer em relação a isso. O que vai fazer diferença na sua vida é como você reage em relação a isso. Você tem duas escolhas: ficar chorando, reclamando da vida, achando que não tem sorte e que a vida não é justa, ou "arregaçar as mangas", usando as suas qualidades, ter atitude e enfrentar o problema. Quem você escolhe ser, a pessoa que fica choramingando ou a que tem garra e corre atrás do sonho?

Outra característica é a paciência. Entenda, muitas vezes as coisas não vão sair como planejado. Às vezes demora mais tempo para acontecer. É nesse momento que temos que ter paciência. Com as coisas, com as pessoas (as pessoas pensam diferente umas das outras). Por isso é importante sabermos quais são as nossas metas, para que a gente não esqueça nunca onde quer chegar, qual o nosso sonho e para que possa continuar no caminho certo. Não esqueça, a direção é mais importante que a velocidade.

O "I" trata de "inabalável propósito". Mas o que é propósito? É aquilo que dá sentido pra sua vida. O que te dá alegria, o que faz você acordar todos os dias. Quando falo inabalável, quer dizer que nada vai te impedir de viver esse propósito. Você só vai ser feliz de verdade quando seu sonho estiver alinhado, tiver a ver com o seu propósito. Por exemplo, o meu propósito inabalável é "Inspirar e transformar vidas, por meio de motivação e reflexão, mostrando às pessoas que a felicidade só depende delas mesmas". E eu procuro viver isso todos os dias. Seja na minha família, meus amigos, na minha profissão, meus atos e palavras. Você não precisa sair daqui, ao final do livro, com o seu propósito, mas precisa pensar, ao longo da sua vida, qual é o seu propósito. E ver se o seu sonho tem a ver com seu propósito de vida.

A letra "C" vem de *"care"*, do inglês – se importar, isso tem muito a ver com seus relacionamentos. Entenda, os relacionamentos são muito importantes para nossa felicidade. Isso não quer dizer que você precisa se dar bem com todo mundo (precisa respeitar todo mundo, isso sim). Se conseguir isso, ótimo! Mas tem pessoas que a gente tem mais afinidade, outras menos. O fato é que, para sermos felizes, precisamos ter com quem contar. Precisamos de relacionamentos saudáveis, pessoas em quem confiar e que serão nossos companheiros na caminhada da vida.

Ninguém consegue ser feliz sozinho. Por isso é muito importante termos relacionamentos saudáveis e verdadeiros. Então, deem valor à sua família (ela nunca será perfeita, mas é da família que você precisa para crescer como pessoa). Valorize seus amigos de verdade, são eles que estarão de braços abertos para te ajudar quando as dificuldades aparecerem. Não esqueça de realmente se importar com o próximo, porque a tua felicidade depende, também, da felicidade do outro.

Por fim, mas não menos importante, o último "A" significa "amor". Quando falo em amor, é porque o amor engloba todas a emoções positivas que nós precisamos ter. Então, não falo só do sentimento amor, mas também da alegria, da gratidão, da esperança e de todas as emoções positivas que podemos sentir.

É preciso que a gente sinta emoções positivas pra ser mais feliz. As pessoas acham que precisam ser felizes para sentirem emoções positivas. Mas é o contrário. É preciso que você viva mais essas emoções para ser mais feliz.

Então, seja mais grato. Agradeça todos os dias pelas coisas boas que te acontecem. (O que lhe aconteceu de bom hoje? Pense nisso).

Seja mais alegre (às vezes a gente tá cansado, mal-humorado, mas nesse momento precisamos ver todas coisas boas que temos e ficarmos alegres por isso).

E amar mais! Isso significa se importar com o outro, ajudar o outro, fazer o bem pelo outro. Tudo o que fazemos pelos outros volta pra gente, acreditem. De bem ou de mal. E você pode escolher o que quer que volte pra você. Pense nisso!

A vida é uma viagem. Viajar me ensinou que ela deve ser vivida intensamente. Não importa o que os outros pensam, nem o julgamento que façam de você. A vida é sua e você tem o direito (e o dever, por respeito a si próprio) de vivê-la alinhada àquilo que julga ser o mais importante.

Insights:
Não é sobre a distância que você viaja.
É sobre viajar para onde fizer sentido para você.
É fora da zona de conforto que você mais cresce. Sempre.
Viajar é vida.
Viver uma vida mágica depende de conhecer melhor a si mesmo.
"A felicidade só depende de você". (2)

Legenda: **84.** Fernando de Noronha; **85.** Florianópolis; **86.** Galo da Madrugada - Recife; **87.** Canela - RS; **88.** Grand Canion - EU; **89.** Jalapão - TO.

VIDA – APRENDA COM ELA:
FATOS E VIVÊNCIAS QUE SÃO IMPORTANTES DEMAIS PARA NÃO SEREM OUVIDOS

Legenda: **90.** Kotor - Montenegro; **91.** Vinícola El Enemigo - Mendoza - ARG; **92.** Porto - Portugal; **93.** Punta Cana - Repulbica Dominicana; **94.** Santiago - Chile; **95.** Krabi - Tailândia.

CAPÍTULO 17

FAMÍLIA

> *[...]*
> *Porque família é família*
> *De laços ou adoção*
> *Mas o que importa é o coração*
> *Na minha história eu escolho*
> *Minha família que convivo*
> *Dia-a-dia sem preconceito*
> *E aqui termino com um conceito*
> *Que independe do sujeito*
> *Amo de coração.*
> *(Jennifer de Lima Resende)*

Família não é só quem está com a gente nesta caminhada. A família está na gente, trazemos no nosso DNA características de quem veio antes de nós. Eu acredito muito na existência de muitas vidas e creio também que não é por acaso estarmos exatamente na família que precisamos estar neste momento. Na ideia de sermos instrumentos de evolução uns dos outros, a família é onde melhor (e primeiramente) podemos exercitar esse ofício. Não é sinônimo de harmonia, mas sim de acolhimento. Não é sempre de empatia, mas sim de compaixão. Nem sempre em sintonia, mas sempre no coração.

Desde a infância com os primos, dos natais na casa da vó Alaíde, temporadas em Jurerê e Balneário Camboriú, dos afilhados amados, dos tios e tias, a família está em você. Para mim, ela sempre foi sinônimo de afago, carinho e bons momentos.

Não citarei aqui nomes para não ser injusto com ninguém, mas saibam que estarão sempre em meu coração. De onde estiver, terei sempre orgulho de dizer de onde vim. E saibam que sempre terão alguém com quem contar. Mais que o apego (que a meu ver é tóxico, prende e domina) o amor é o que define o que sinto por vocês. Daquele amor que não vê distância, que simplesmente sente o que de melhor há em mim em relação a cada um de vocês.

Eu amo vocês. Simples assim.

Insights:

A família está em você (quer você goste disso ou não).

Você está exatamente na família em que precisa estar.

Não há sentimento maior que o amor.

O amor independe da distância.

Legenda: **96.** Com o afilhado Arthur; **97.** Primos no Natal em Brusque, na casa da Vó Alaíde; **98.** Família Wojakewicz: Ilde, Alisson, Fran, Arthur e Dona Gatty; **99.** Vó Alaíde; **100.** Com a afilhadinha Clara: Adelyn, Marcelo, Ilde, Eu e Clara; **101.** Com os primos de Floripa, Joana e Lucas.

CAPÍTULO 18

MEU DESEJO PARA VOCÊ

Deus, concedei-me a serenidade para aceitar as coisas que não posso modificar,
Coragem para modificar aquelas que posso,
E sabedoria para reconhecer a diferença.
(Oração da serenidade)

As diversas nuances da nossa existência nos ensinam que é preciso aceitar alguns fatos (aqueles que não podemos mudar), ressignificar outros (os desafiadores) e aproveitar outros (os bons). Aceitemos o fato que tudo é aprendizado e que sempre estamos evoluindo, aprendendo nas dificuldades e comemorando as conquistas.

Quer ser feliz? Aceite!

Lembre-se: só você pode mudar você mesmo. Aprenda com a vida, pare de comparar sua história com a dos outros e seja o protagonista que sempre quis ser.

Você pode (e merece) ser feliz de verdade. E esse é o meu desejo para você.

Insights da obra

Minhas experiências de criança moldam quem eu sou hoje. Lembrar delas traz mais clareza e boas energias.

As oportunidades lhe ajudaram a ser quem é hoje. Agradeça por isso.

Na hora em que é necessário, tiramos força de onde não achamos ter.

Há coisas que não podemos mudar. Foque no que está ao seu alcance.

Quem é você, tirando as máscaras que usa no dia a dia?

Nem sempre estamos preparados para nossas escolhas. Aliás, quase nunca. O importante é seguirmos firmes naquilo que somos.

Os amigos são tudo.

Ser quem você é (como pessoa) é mais importante do que o que você é (como profissional).

Não importa O QUE você faz. Mas sim POR QUE você faz aquilo que faz.

Faça com amor. Esteja completo para as pessoas.

Enxergue os outros de verdade.

Use o que tem de melhor para ajudar os outros (e a você mesmo) a ser feliz.

São as lições que absorvemos (e não as que nos são apresentadas) que nos moldam.

Nossos pais são exemplos, honre-os por isso.

Reconhecimento, desprendimento e resiliência invariavelmente (mas não necessariamente nessa ordem) farão parte da sua vida.

Existe um mundo além do meu umbigo.

Fazer os "outros" felizes é a maneira mais genuína de ser feliz.

Na verdade, não existem "outros".

Sorte de quem tem irmão de sangue e de alma na mesma pessoa.

Mais importante do que a própria jornada, é com quem caminhamos durante ela.

Mais importante que a quantidade, é a qualidade dos nossos relacionamentos.

Há coisas que não temos controle. Concentremo-nos naquilo que podemos controlar.

O contrário de morte é nascimento. A vida é o que acontece entre os dois.

Não há maior presente do que ESTAR PRESENTE na vida das pessoas.

O que é certo é certo, mesmo que a maioria das pessoas não façam.

Não há distância para um amor de verdade.

A única coisa que você precisa... é ser feliz à sua maneira.

Faça algo que te permita se conectar mais consigo mesmo (o que você tem feito?).

Há coisas que não podemos controlar. E se é assim, solucionado está.

O ser humano é bom. O ser humano é bom. O ser humano é bom.

Você não agradará a todos. Nunca. (E não deve viver tentando).

Existem pessoas que lhe darão exemplos lindos. Existem as que lhe mostrarão como você nunca deveria ser. Aprenda com ambas.

Você pode ser a única esperança de alguém; não perca a oportunidade de fazer a diferença.

Uma das coisas mais importantes da vida é entender quem de fato se importa com você. E com os outros também (além de si próprio).

Fazer algo na vida (qualquer coisa) sempre vai incomodar alguém: lâmpada apagada não atrai mosquitos.

Existem pessoas que sempre tentarão lhe derrubar; use suas armas do bem para ensiná-las (ou fazê-las envergonharem-se de não tê-las).

Não há nada mais precioso que uma consciência tranquila.

Ter bons relacionamentos é um dos pilares da felicidade.

Não é sobre quantidade, mas sim sobre qualidade e intensidade.

Você já agradeceu hoje por ter amigos de verdade?

Você já agradeceu hoje aos seus amigos por eles existirem?

O local que você vive te influencia. Mas não te define.

A jornada (e vida) é boa enquanto durar.

Não há problema em mudar. Sempre que achar necessário. Sempre.

Sempre é tempo de aprender e evoluir.

A felicidade do outro também é minha felicidade.

Ajudar o próximo e evoluir (não importa de qual forma), é o objetivo.

"A felicidade só depende de você".

Ser presente nada tem a ver com estar presente.

Existe muita presença na ausência.

Pare de lastimar o passado (que já passou) ou de se preocupar em excesso com o futuro (que você nem sabe se virá), aproveite o presente, que é onde a vida acontece.

Não é sobre a distância que você viaja. É sobre viajar para onde fizer sentido para você.

É fora da zona de conforto que você mais cresce. Sempre.

Viajar é vida.

Viver uma vida mágica depende de conhecer melhor a si mesmo.

"A felicidade só depende de você". (2)

A família está em você (quer você goste disso ou não).

Você está exatamente na família em que precisa estar.

Não há sentimento maior que o amor.

O amor independe da distância.